40일 응답받는 기도의 영성

추천의 글

기도의 40일 여정

〈40일 응답받는 기도의 영성〉은 한 성도가 기도의 자리를 회복하며 하나님 앞에서 자신의 삶을 다시 세워 가는 과정을 정직하고 담담하게 기록한 귀한 간증의 책입니다. 이 책은 감동을 넘어 실제로 기도하는 사람의 삶에서 어떤 일이 일어나는지, 하나님께서 어떻게 작고 평범한 일상 속에서 일하시며 우리의 걸음을 빚어 가시는지를 생생하게 보여 줍니다.

저자는 40일 동안 매일의 기도 속에서 자신의 마음을 다듬고, 영적인 자아를 돌아보며, 주님께 맡기는 법을 배워 갑니다. 기도란 곧 삶의 무게를 내려놓기 위한 도피가 아니라, 하나님 앞에서 삶의 본질을 직면하는 용기 있는 시간입니다. "무엇을 얻어낼 것인가"보다 "내가 어떤 마음으로 서 있는가"라는 기도의 본질적인 질문으로 나아가는 저자의 모습은, 우리가 기도를 다시 어떻게 바라보아야 하는지 깊은 깨달음을 주고 있습니다.

특별히 이 책은 기도를 행위적 열심으로만 생각해 온 신앙인들에게 또 다른 중요한 관점을 일깨워 줍니다. 기도는 내가 힘써 하나님을 움직이게 하는 시간이 아니라, 하나님께서 이미 일하시기 시작한 자리를 발견하는 시간이며, 내 뜻이 아니라 하나님의 뜻에 내 삶을 온전히 맡기는 훈련이라는 사실입니다. 저자는 성령의 흐름을 따라 순종할 때 의무와 강제가 사라지고, 신앙이 무게가 아니라 기쁨이 된다는 것을 40일 동안 경험하고 기록하고 있습니다.

또 하나 이 책이 지닌 큰 강점은 '공동체 기도의 회복'에 대한 증언입니다. 40일 응답받는 기도의 영성을 경험하면서 저자는 기도가 혼자 살기 위한 처절한 발버둥이 아니라, 서로의 삶을 붙드는 공동체적 은혜의 시간임을 고백합니다. 혼자만의 기도는 작은 촛불이지만, 함께 드린 기도는 세상을 비추는 등불이 된다는 저자의 고백은 오늘 개인주의로 분열된 신앙 현실 속에 매우 중요한 영적 메시지를 던져 줍니다.

저자의 지나온 신앙 여정 또한 깊은 울림을 줍니다. 목회의 길이 아닌 선교 단체에서 30년의 시간을 보내며 수많은 목회자와 신학자의 사역을 가까이서 돕고 섬긴 시간은 결코 우연이 아니었습니다. 하나님께서는 그 길을 통해 저자의 내면을 다듬고, 사람과 사역을 바라보는 관점과 마음을 빚어 가셨습니다. 그리고 코로나19 이후 다시 시작된 출판 사역 속에서 저자는 자신이 걸어왔던 모든 시간이 결코 낭비된 시간이 아니었음을 확인하게 됩니다.

하나님께서는 우리가 이해하지 못하는 때에도 일하고 계시며, 우리의 시간이 아니라 하나님의 시간 속에서 열매를 맺게 하신다는 진리가 이 책 속에 담겨 있습니다.

〈40일 응답받는 기도의 영성〉은 기도를 처음 배우는 성도뿐 아니라 기도에 지친 성도, 사역의 현장에서 방향을 잃어버린 이들, 그리고 다시 영적 호흡을 회복해야 하는 모든 이들에게 깊은 위로와 방향을 제시해 주는 책입니다. 이 책을 읽는 독자들 역시 저자처럼 "기도는 곧 하나님의 손길을 발견하는 시간이며, 작고 조용한 응답이 쌓여 결국 인생의 방향을 바꾸는 은혜로 이어진다"는 사실을 체험하게 되리라 믿습니다.

오늘도 기도의 자리에 서 있는 모든 성도와 사역자들에게 이 책을 기쁜 마음으로 추천해 드립니다. 이 책이 한 사람의 기도뿐 아니라 수많은 공동체의 기도 자리를 다시 일으키는 거룩한 불씨가 되기를 소망합니다.

부평비전교회
담임목사 김 혁

시작하면서

응답의 체험 40일 여정

나는 지난 세월동안 쉬지 않고 걸어왔다. 2005년 조용한 결단 속에 해븐출판사를 세웠고, 코로나19라는 예기치 않은 시대의 물결 속에서 직장을 내려놓은 뒤에는 문암출판사를 등록하며 다시 한 번 믿음으로 새로운 길에 발을 디뎠다. 출판의 길은 누구에게도 쉽지 않은 여정이었고, 나에게도 예외는 아니었다. 원고가 막힐 때도 있었고, 생계를 위해 애써 버텨야 하는 순간도 많았다. 그러나 그 모든 길 위에 하나님의 손길이 있었다는 사실을 다시금 이 40일의 여정 속에서 온몸으로 깨닫게 되었다.

성경을 펼쳐보면, 하나님은 당신의 사람들을 새롭게 세우실 때 언제나 '40일'이라는 거룩한 시간을 건네주셨다. 노아의 시대에는 40일 동안 비를 내려 세상을 씻으시며 창조의 숨결을 다시 불어넣으셨고, 모세에게는 40일 동안 시내산의 침묵 속에서 하나님의 얼굴을 대면하게 하시어 언약의 돌판을 준비하게 하셨다. 니느웨의 40일은 심판이 아니라 회복으로 향하는 하나님의 긴 숨이었고, 엘리야의 40일은 지친 선지자의 영혼을 다시 일으켜 세우는 하나님의 은밀한 손길이었다. 예수님도 공생애를 시작하시기 전, 40일 금식 속에서 마음을 비우고 사명을 다시 불태우셨다.

그렇다면 나의 40일은 무엇이었을까. 돌아보면 이것 역시 하나님이 나를 초대하신 재정비의 시간, 멈추어 서서 내 영혼의 흐트러진 부분을 정리하게 하신 은혜의 기간이었다. 말씀 앞에서 길을 다시 세우게 하시고, 기도 안에서 마음을 다시 모으게 하신 하나님의 깊은 배려가 깃든 시간이었다.

'40일 응답받는 방언기도'를 시작하려 할 때 단순히 영적인 회복을 구한 것이 아니었다. 삶을 다시 정립하고 싶었고, 잠잠해진 마음의 울림을 되찾고 싶었으며, 하나님 앞에서 다시 '하나님이 부르신 자리'로 돌아가고 싶었다. 그래서 기도의 제목을 세우고 목회하는 동생에게 전하며 함께 기도를 부탁했다. 그렇게 시작된 40일은 예상보다 훨씬 더 깊고 넓고 단단한 은혜로 이어졌고, 나는 매일 새벽 그 은혜의 흐름을 온전히 받아들일 수밖에 없었다.

성경의 인물들이 40일 동안 하나님 앞에서 재정비되었듯, 나의 이 40일도 '마음의 방향'을 새롭게 조율하는 시간이 되었다. 하나님은 때 이른 기적을 주시지 않았지만, 가장 필요한 때에 가장 조용한 방법으로 응답하시는 분이었다. 기도를 시작하고 얼마 지나지 않아 문암출판사에 오랫동안 닫혀 있던 문이 다시 열렸다.

수년 동안 아무 소식 없던 외부 작가들의 원고가 도착했고, 10일 만에 2판을 발행하는 놀라운 일이 일어났다. 그리고 필자의 책도 두 권이나 출간되는 은혜가 이어졌다. 말로는 설명할 수 없는 흐름이었고, 나는 이 흐름이 결코 우연이 아님을 알았다. 그 모든 뒤에는 하나님께서 오래 준비하신 응답이 있었고, 그 응답을 받기 위한 40일의 여정이 있었다.

한 번의 기적으로 끝나는 것이 아니라, 마치 엘리야가 40일 동안 광야 길을 걸어 호렙산에 이르렀던 것처럼, 하나님은 조용히 그러나 분명하게 새로운 길을 이어 주셨다.

그러나 이 40일이 남긴 가장 큰 선물은 눈에 보이는 '결과물'이 아니었다. 가장 깊은 변화는 언제나 마음의 중심에서 시작되었다. 어머니가 새벽마다 어둠 속에서 우리 형제의 이름을 한 사람씩 부르며 기도하던 모습, 동생 목사님이 보내오던 짧은 기도 메시지, 아내가 조용히 건네던 위로와 격려가 이 40일 속에서 다시 살아나 내 삶의 줄기를 붙들었다. '내가 버텨온 힘은 내 힘이 아니라 하나님이 사람들을 통해 흘려보내신 기도의 힘이었다'라는 것을 알게 되었다.

성경에서 40일은 언제나 '하나님이 사람을 다시 세우시는 시간'이었는데, 이번 40일은 바로 나의 삶을 그렇게 다시 붙드는 시간이 되었다. 그래서 이 책을 손에 든 독자 여러분께 조심스레 말하고 싶다. 우리는 모두 누군가의 기도로 살아온 사람들이다. 그리고 이제는 우리의 기도가 또 다른 누군가의 삶을 붙들 차례다.

응답을 위한 방언기도 40일의 기록이자 응답의 기록이며, 하나님께서 삶의 조각들을 다시 하나로 이어 주신 흔적이다. 이 글을 읽는 당신도 어쩌면 지금 기도가 필요한 시간을 지나고 있을지 모른다. 혹은 이미 오래전부터 응답을 기다리며 조용히 견디고 있었을지도 모른다.

그렇다면 이 40일의 이야기가 당신의 마음 깊은 곳에 작은 불빛이 되기를 소망한다. 당신이 걷는 모든 길 위에도 하나님은 여전히 조용히 일하고 계신다는 진실을 이 책을 통해 확인하게 되기를 바라는 마음이다. 성경에서 40일이 끝날 때마다 새로운 역사가 시작되었듯, 당신의 삶에도 하나님이 준비하신 다음 장이 곧 열릴 것이다.

이제 다시 시작하려 한다. 응답은 끝이 아니라 새로운 시작이기 때문이다. 하나님께서 부르시는 자리에서, 기도가 열어 놓은 길 위에서, 필자는 또 다른 40일을 준비하는 마음으로 오늘의 페이지를 덮는다. 그리고 조용히 고백한다. '주님, 이 여정은 당신이 열어 주셨습니다. 앞으로의 길도 당신이 이끄실 것입니다.'

감사의 글

기도가 흐르는 공동체에게

'40일 여정을 마무리하며, 무엇보다 먼저 감사의 마음이 깊게 떠오른다. 이 시간은 결코 나 혼자만의 영적 여정이 아니었다. 하나님 앞에서 무릎 꿇고 기도를 올리는 동안 그 기도의 자리를 더 넓고 더 깊게 만들어 준 성도들이 있었다. 바로 함께 교회를 이루고 있는 사랑하는 교우들이다.

'기도회를 시작했을 때, 단지 개인적인 회복과 정렬을 위해 기도하려 했다. 그러나 시간이 흘러갈수록 이 기도는 나 하나의 기도가 아니라 교회 전체가 함께 호흡한 기도, 그리고 공동체가 함께 이룬 영적 움직임이라는 것을 깨달았다.

새벽마다, 예배마다, 이름을 불러 주며 기도해 준 교우들의 마음이 40일의 기도를 더욱 단단하게 붙들어 주었다. 바쁜 삶 속에서도 기도의 자리를 지키며 서로를 위해 중보해 준 모든 성도님들께 깊은 고마움을 전한다. 그들의 기도가 필자의 기도 위에 더해졌고, 그 더해짐 속에서 하나님은 더 큰 은혜를 부어 주셨다.

무엇보다 이 여정 속에서 담임목사님이 보여 주신 영적 리더십은 내게 큰 위로와 울림이었다. 목사님은 언제나 조용히, 그러나 확고한 마음으로 교회의 기도 흐름을 이끄셨고, 성도들의 마음이 흔들릴 때마다 말씀과 기도로 방향을 세워 주셨다.

기도의 기간 동안 목사님이 흘려보내신 한 마디 한 마디, 기도 모임 때 나누어 주신 말씀, 성도들을 위해 애써 준비해 주신 영적 환경은 모두 하나님의 은혜가 되는 통로였다. 목사님의 따뜻한 격려와 보이지 않는 헌신이 없었다면, 이 40일의 흐름은 지금과 같은 깊이를 갖지 못했을 것이다. 목사님의 목양적 사랑과 세심한 돌봄에 진심으로 감사드린다.

기도의 시간 속에서 교회는 단순히 예배당이 아니라 서로의 영혼을 지켜 주는 든든한 울타리가 되었다. 누군가는 지친 마음으로 기도했고, 누군가는 간절한 소망을 담아 기도했고, 누군가는 눈물로 기도했다. 그러나 기도의 모임에 함께하지 못한 성도도 있었다. 하지만 그 모든 기도가 한데 모여 하나님의 큰 흐름으로 이어졌고, 결국 서로를 향한 사랑으로 퍼져 나갔다. 이 40일 동안 교회는 더욱 따뜻해졌고, 성도들은 서로를 더 깊이 품게 되었으며, 하나님께로 향한 마음은 더욱 단단해졌다.

이 글을 쓰며 다시금 깨닫는다. "혼자 드린 기도는 작은 불빛이지만 함께 드린 기도는 길을 밝히는 큰 등불이 된다." 교회라는 이름의 공동체는 그 등불을 함께 들고 걸어가는 사람들의 모임이었고, 나는 그 공동체 안에 속해 있다는 사실 자체로 큰 위로와 감사를 느낀다.

기도의 40일은 나의 개인적인 기도 기록이 아니라 교회가 함께 세워간 은혜의 역사다. 하나님께서 그 은혜의 시간을 허락하신 것에 감사드리며, 함께 울고 함께 웃고 함께 기도해 준 모든 성도들께 마음 깊이 감사드리며, 목양의 바쁜 일정에도 불구하고 추천의 글로 필자에게 힘을 실어주신 담임목사님께 감사를 드린다. 그리고 이 모든 흐름을 하나로 묶어 주신 하나님께 모든 영광을 올려 드린다.

文岩 염성철 올림

차 례

추천의 글 _기도의 40일 여정   3
시작하면서 _응답의 체험 40일 여정   6
감사의 글 _기도가 흐르는 공동체에게   10

part 1 _응답받는 기도 10일의 여정
Day 1 _방향을 세우는 기도의 자리   17
    2 _내려놓음에서 시작되는 기도의 자리   20
    3 _응답받는 기도의 시작   24
    4 _같은 목적을 향해 드리는 기도의 기쁨   27
    5 _하나님의 뜻을 기다리는 인내의 자리   31
    6 _말씀 앞에서 기도의 방향을 다시 세우다   34
    7 _흩어진 마음을 다시 모으는 영적 집중의 시간   38
    8 _예기치 않은 응답으로 찾아오신 하나님의 손길   42
    9 _작은 순종 위에 이어진 하나님의 세밀한 인도하심   45
    10 _작은 응답을 기억하며 감사의 영성을 회복하다   49

part 2 _응답받는 기도 20일의 여정
Day 11 _억지로가 아닌 성령의 흐름을 따라 걷는 순종의 길   55
    12 _숨겨진 하나님의 특별한 인도하심   59
    13 _보이지 않는 자리에서의 하나님의 은혜   62
    14 _기다림 속에서도 공급하시는 하나님   66
    15 _기도 속에서 이어진 또 하나의 놀라운 연결   69
    16 _예비하신 다음 걸음이 조용히 열리다   72
    17 _다시 배우는 은혜와 연합의 기쁨   75

18 _예기치 못한 은혜의 열매	78
19 _하나님이 이어가시는 응답의 흐름	81
20 _어머니의 기도가 살아 움직이다	84

part 3 _응답받는 기도 30일의 여정

Day 21 _여정의 중반 마음을 가다듬다	89
22 _하나님의 세밀하심을 보다	92
23 _글로 묵상하게 하시는 하나님의 부르심	95
24 _기록의 순종 속에서 열리는 회복의 은혜	98
25 _기록의 여정 속에서 발견되는 두 번째 부르심	101
26 _글 속에 새겨진 한의 세월 앞에서	105
27 _다시 용기를 내어 시를 꺼내다	109
28 _후반부를 향해 걸어가며	113
29 _은혜가 익숙해질 때	117
30 _다시 떠오르는 영성훈련의 기억	121

part 4 _응답받는 기도 40일의 여정

Day 31 _일상 속에서 다시 깨닫는 은혜	127
32 _순종의 숨결을 다시 배우는 날	131
33 _남은 여정을 향해 영혼을 다시 정렬	135
34 _오래 품어 온 방언의 불길을 다시 되살리다	139
35 _말씀 앞에서 영혼을 다시 바로 세우다	142
36 _형제들과의 한 장면 속에서 깨달은 은혜	145
37 _끝을 향한 집중 속에서 깊어지는 하나님의 손길	148
38 _결실을 품는 마음으로 마지막	151
39 _연합의 기도 속에서 맺힌 은혜의 열매	154
40 _기도가 흐르는 자리에서	158

마치면서 _다시 일상으로 돌아가는 길 위에서	163

part 1

응답받는 기도 10일의 여정

Day 1_방향을 세우는 기도의 시작
2_내려놓음에서 시작되는 기도의 자리
3_응답받는 기도의 시작
4_같은 목적을 향해 드리는 기도의 기쁨
5_하나님의 뜻을 기다리는 인내의 자리
6_말씀 앞에서 기도의 방향을 다시 세우다
7_흩어진 마음을 다시 모으는 영적 집중의 시간
8_예기치 않은 응답으로 찾아오신 하나님의 손길
9_작은 순종 위에 이어진 하나님의 세밀한 인도하심
10_작은 응답을 기억하며 감사의 영성을 회복하다

Day 1
방향을 세우는 기도의 시작

   기도 여정의 첫날, 나는 오래 미루어 두었던 질문 앞에 조용히 멈추어 섰다. 무엇을 위해 기도해야 하는지, 어디에서부터 다시 시작해야 하는지, 그리고 내가 마음속으로 품어 온 이 기도의 방향이 과연 하나님께서 기뻐하시는 자리인지 묻지 않을 수 없었다.

   그동안 '나는 알고 있다'는 묘한 확신 속에 살아왔지만, 그 앎이 언제나 '옳다'는 확신과 이어지는 것은 아니었다. 그래서 오늘 '방향을 세우는 날'로 삼았다. 기도의 첫 문을 열기 위해 나는 내 마음의 깊은 곳을 있는 그대로 바라보아야 했다. 숨기고 미루던 갈등들이 하나씩 떠올랐고, 그것들을 외면하지 않기로 결심했다. 하나님은 내가 바라는 바를 늘 그대로 들어주시는 분이 아니라, 먼저 나의 마음을 정직하게 드러내기를 기다리시는 분임을 오늘 다시 깨닫게 되었다.

   오랫동안 '하나님이 원하시는 기도'와 '내가 바라는 기도' 사이에서 조용한 줄타기를 하듯 살아왔다. 때로는 기도가 의무처럼 느껴졌고, 때로는 신앙의 연륜이 깊어질수록 기도의 기준도 더 엄격해져야 한다는 압박감이 나를 사로잡았다. '이 기도가 맞는가?', '내가 구하는 것이 혹시 내 욕망을 정당화하는 것은 아닌가?'라는 내면의 질문들이 늘 따라다녔지만, 그 질문을 정면으로 마주하는 일은 두려웠다.

정직하게 마주하면 내가 너무 연약해 보일 것 같았고, 그 연약함이 하나님께 누가 될까 염려되어 기도조차 조심스러워졌다. 그러나 그 모든 두려움의 이면에는, 하나님 앞에서조차 솔직해지지 못한 완고함이 존재하고 있었음을 이제야 인정하게 된다.

그러던 중 어느 날, 오래된 침묵의 벽을 뚫고 아주 미세한 하나님의 음성이 마음속에 스며들었다. "네 마음을 먼저 내 앞에 놓아라." 그 한마디는 나의 시선을 완전히 바꾸어 놓았다. 기도란 무엇을 구할 것인가를 고민하기 전에, 먼저 내가 누구로 서야 하는지를 묻는 자리임을 깨닫게 되었다. 옳은 기도는 올바른 방향에서 시작되고, 올바른 방향은 정직한 마음에서 출발한다는 사실이 오늘 마음 깊은 곳에서 다시금 새겨졌다.

내 마음 한편에서 오래전부터 소리 없이 울리고 있던 작은 갈망을 조용히 끄집어내어 하나님께 올려드렸다. "주님, 저는 기도가 무엇인지 다시 배우고 싶습니다. 제 뜻이 아니라 주님의 뜻을 따라 이 40일을 걸어가게 하소서." 그 고백 이후, 알 수 없는 평안이 서서히 가슴 안쪽에 스며들기 시작했다.

출판이라는 사명을 붙들며 걸어온 지난 시간, 어떤 날은 앞이 흐릿했고 어떤 날은 마음이 흔들렸다. 그러나 오늘 이 첫날의 결단 속에서 나는 비로소 하나님께서 나를 이끌고 계시다는 조용한 확신을 다시 얻게 되었다.

기도의 방향을 바로 세우는 일은 단순히 '무엇을 구할지 정하는 일'이 아니라, 내 삶 전체를 다시 하나님께 맡기는 영적 재정립의 시작이다. 그리고 그 시작 자체가 이미 하나님께서 기뻐하시는 첫 번째 순종임을 알게 된다. 오늘 조용히 다짐한다. "주님, 제 기도의 방향을 바로 세워 주소서. 제가 가야 할 길과 내려놓아야 할 것을 밝히 보여 주소서. 이 첫날의 결단이 나의 40일 여정을 여는 문이 되게 하소서."

✝ 기도

주님, 오늘 저는 기도의 방향을 세우기 위해 조용히 마음을 열어 주님 앞에 나아옵니다. 제 뜻을 앞세우지 않게 하시고, 주님의 마음이 무엇인지 먼저 듣게 하소서. 이 40일 동안 제가 걷는 모든 걸음이 주님의 뜻에 합하여지고, 모든 기도가 참된 자리에서 시작되게 하소서. 아멘.

Day 2
내려놓음에서 시작되는 기도의 자리

　기도 여정의 둘째 날, 나는 하나님 앞에서 무엇을 붙드는가보다 무엇을 내려놓아야 하는가를 깊이 성찰하게 되었다. 기도는 어떤 것을 얻기 위해 시작하는 행위라기보다, 먼저 마음속에 쌓여 있던 무게들을 하나님 앞에 내려놓는 데서 출발한다는 진리를 오늘 아침 묵상 가운데 다시금 깨닫게 되었다.

　어제 기도의 방향을 세우는 첫걸음을 내디뎠지만, 오늘은 그 방향을 향해 발걸음을 떼기 위해 마음의 빈자리들을 살펴보아야 했다. 우리 마음에는 항상 말로 설명하기 어려운 그림자들이 자리 잡고 있다. 해결되지 않은 감정, 마음속 깊은 곳에 남아 있는 과거의 상처들, 내려놓고 싶지 않아 꽉 움켜쥔 고집, 그리고 때로는 신앙인의 모습 뒤에 가려진 작은 두려움조차도 하나님 앞에 나아가는 데 걸림돌이 되곤 한다.

　이 40일의 여정을 시작하며 하나님께서 나에게 기대하시는 것은 '더 많이 하는 기도'가 아니라, '더 깊이 내려놓는 기도'임을 천천히 깨닫고 있다.

오랫동안 스스로를 지키기 위해 지나치게 많은 것들을 마음속에 쌓아 두었다. 실패하지 않기 위해, 흔들리지 않기 위해, 사람들 앞에서 약해 보이지 않기 위해, 그리고 누군가의 기대를 실망시키지 않기 위해 애써 무거운 책임감의 갑옷을 입고 살아왔다.

신앙이라는 이름으로 버티는 법만을 배웠고, 마음의 무게가 쌓일 때마다 '이것도 감당해야 하는 몫'이라고 자책하며 내 어깨를 더 무겁게 짓눌렀다. 그러나 정작 그 무게가 하나님께서 나에게 원하시는 자리였던 적은 단 한 번도 없었다는 사실을 오늘의 묵상 속에서 깊이 인정하게 된다.

내가 스스로를 지키려 애쓰는 동안 사실은 하나님이 개입하실 자리를 막고 있었음을 깨닫기까지 오랜 시간이 걸렸다. 내 마음의 틈새에 남겨둔 작은 상처들조차 하나님께 맡기지 못해 붙들고 있었던 것이며, 그것들이 점점 쌓여 나를 지치게 하고 있었다는 사실을 이제야 직면하게 된다.

"주님, 저는 제가 생각했던 것보다 훨씬 연약합니다. 제가 붙잡고 있는 것들이 제 영혼을 무겁게 하고 있음을 고백합니다." 이 고백은 나의 자존심을 무너뜨리는 것이 아니라, 오히려 하나님께 가까이 가는 문을 여는 첫 걸음이 되었다.

내려놓는다는 일은 결코 단순한 포기가 아니었다. 그것은 나의 통제권을 내려놓고 하나님께서 일하실 공간을 여는 영적 행위였다. 내가 고집하며 붙들고 있을 때는 보이지 않던 길이, 내려놓는 순간 마음속 어딘가에서 조용히 열리기 시작했다. 내가 막고 있던 자리에 하나님의 숨결이 스며들었고, 내가 두려워했던 빈자리에는 오히려 자유가 자라기 시작했다. 내려놓음은 상실이 아니라 회복의 시작이며, 포기가 아니라 순종의 완성이라는 진리를 오늘 다시 깊이 마음에 새겨본다. 하나님은 내가 비운 만큼 채우시는 분이시며, 내가 내려놓은 만큼 일하시는 분이시다. 나는 오늘 조용히 기도했다.

"주님, 저의 손에 남아 있는 것들을 이제 주님께 맡깁니다. 이 빈자리에 주님의 뜻을 채워 주소서." 그러자 나도 모르게 내 마음속 깊은 곳에서 숨겨져 있던 긴장이 풀리며, 설명할 수 없는 평안이 찾아왔다. 그 평안은 마치 오랜 시간 막혀 있던 창문 사이로 들어오는 한 줄기 바람처럼 내 영혼을 새롭게 흔들었다.

이 둘째 날을 지나며 나는 기도의 여정이 단순히 '무엇을 구하는 길'이 아니라, 먼저 '무엇을 내려놓는 길'임을 다시 확인한다. 어제는 기도의 방향을 세웠고, 오늘은 그 방향으로 걸어가기 위해 마음을 가볍게 했다. 더 이상 내가 주인이 되어 방향을 정하고 걸어가는 사람이 아니라, 하나님께서 인도하시는 길을 따라가는 순례자가 되어야 한다는 사실을 배우고 있다. 내려놓는 것만큼 하나님께서 일하실 공간이 넓어진다. 내가 비운 만큼 하나님께서 채우실 은혜의 자리가 생겨난다.

그리고 이 내려놓음이야말로 40일의 영성 여정에서 반드시 지나야 할 관문임을 확신하게 된다. 오늘 다시 다짐한다. "주님, 제 마음의 골짜기에 남아 있는 모든 짐을 내려놓습니다. 제가 움켜쥔 것보다 더 큰 은혜를 준비하신 주님을 신뢰하게 하소서. 이 둘째 날의 내려놓음이 제 영혼을 치유하고 새롭게 하는 출발점이 되게 하소서."

✚ 기도
　주님, 오늘 저는 제 힘으로 붙들고 있었던 모든 무거운 마음들을 주님 앞에 내려놓습니다. 두려움과 불안, 지난 시간의 상처와 완고함, 그리고 스스로 감당하려 했던 모든 책임의 무게를 당신의 손에 맡깁니다.
　제가 비운 자리를 주님께서 채우시고, 제 안에서 당신의 뜻을 막아왔던 모든 것들이 사라지게 하소서. 내려놓는 은혜를 배우게 하시고, 이 40일 동안 저를 새롭게 하며 인도하시는 주님의 손길을 경험하게 하소서. 아멘.

Day 3
응답받는 기도의 시작

오늘 40일의 여정 가운데 셋째 날을 맞으며 나는 마음속에 오래 남아 있는 한 가지 특별한 기억을 떠올리게 되었다. 그 기억은 내가 속한 교회 공동체가 진행한 40일 프로젝트와 함께 공유하게 된 신앙의 경험이었고, 그 자리에서 시작된 기도가 내 영혼을 새로운 방향으로 이끌었던 순간이었다. 그 프로젝트는 단순한 행사나 일정이 아니라, 하나님 앞에 전심으로 나아가고자 했던 공동체의 결단이었으며, 그 속에서 나는 내 삶의 기도가 새롭게 깨어나는 은혜를 경험하게 되었다.

그때까지도 내 기도가 어디로 향하고 있는지 명확히 알지 못한 채 막막함과 갈증 사이를 오가며 서 있었다. 그러나 응답받는 기도 가운데 서 있을 때, 나의 기도는 처음으로 방향과 빛을 가지기 시작했다. 방언으로 드리는 기도는 때때로 말로 표현할 수 없는 영혼의 깊은 곳을 드러내곤 했고, 공동체 안에서 서로의 기도 제목을 공유하며 마음을 나누는 순간마다 하나님의 임재가 더욱 짙어지는 것을 느낄 수 있었다.

어떤 이는 회복을, 어떤 이는 용서를, 또 어떤 이는 잃었던 부르심을 회복하기 위해 그 자리에 서 있을 것이다. 그리고 나는 그 모임을 통해 "기도는 혼자 싸우는 고독한 시간이 아니라, 하나님께서 공동체에게 허락하신 은혜의 통로"라는 사실을 새롭게 깨닫게 되었다. 혼자가 아니라 함께 드리는 기도는 내 영혼이 이전에 경험해 보지 못한 새로운 방향으로 열리게 했다.

특히 기억에 남는 날이 있었다. 기도회 중 아내가 조용한 음성으로 고백했다. "하나님께는 반드시 응답이 있습니다. 우리가 포기하지만 않으면 하나님은 결코 포기하지 않으십니다." 그 고백이 내 안에 깊게 박혔다. 그동안 '응답을 받을 자격이 있는가'라는 질문만을 마음속에서 되뇌었고, 내 기도의 수준과 형편만을 바라보고 있었다.

그러나 하나님께서 응답을 주시는 이유는 인간의 자격이 아니라 하나님의 사랑에 의한 것임을 그날 처음으로 온전히 인정하게 되었다. 아무리 마음이 흔들려도, 아무리 상황이 불확실해도 하나님께서는 자신에게 구하는 자에게 반드시 응답의 길을 열어 주시는 분이라는 사실이 나를 다시 일으켜 세웠다. 그날 이후 40일의 기도를 단순한 루틴으로 수행하는 것이 아니라, 하나님께서 이미 준비하고 계신 응답을 '받아내는 자리'로 이해하게 되었다.

응답받는 기도의 시간은 단순한 모임이 아니었다. 그것은 나를 기도의 길로 다시 부르시는 하나님의 손길이었다. 그리고 그 부르심이 40일 여정을 확신으로 채우는 전환점이 되었다. 하나님께서는 이미 내 마음 안에 불씨를 심어 두셨고, 그 불씨가 공동체 기도의 자리를 만나 다시 살아나기 시작한 것이다.

그 자리에서 비로소 단순한 기도자가 아닌 '응답을 기대하는 사람'이 되었고, 기도는 더 이상 부담이 아니라 기쁨이자 사명이 되었다. 오늘 Day 3을 지나며 다시 고백한다. "주님, 제가 이 여정을 혼자 걷지 않게 하셨음을 감사합니다. 공동체 안에서 주시는 응답의 은혜가 제 영혼을 다시 세우게 하시고, 이 40일 동안 그 응답을 더욱 분명히 보게 하소서."

✞ 기도

주님, 응답받는 기도의 자리에 저를 불러주심을 감사합니다. 공동체 안에서 드린 기도가 제 마음에 다시 확신을 주었고, 주님의 응답을 기대하는 믿음을 일으켜 주었습니다. 앞으로 걸어갈 40일 동안 하나님의 뜻을 분명히 보게 하시고, 주께서 준비하신 응답이 제 삶 가운데 선명히 드러나게 하소서. 아멘.

Day 4
같은 목적을 향해 드리는 기도의 기쁨

같은 목적을 마음에 품고 하나님 앞에 나아갈 수 있다는 사실은 오늘 내게 특별한 행복으로 다가왔다. 기도는 때로 혼자의 싸움처럼 느껴지지만, 하나님 앞에서 동일한 방향을 놓고 마음을 모은다는 것은 그 자체로 영혼을 견고하게 붙드는 은혜의 행위였다.

그래서 오늘 나의 40일 기도 제목을 더욱 분명히 정해 보았다. 문암출판사를 통해 그리고 해븐출판사를 통해 더 많은 작가들이 발견되고 세워지기를 위해 기도를 시작하기로 한 것이다. 물론 이는 출판사의 앞날을 위해 드리는 기도의 일부이기도 하지만, 그 중심에는 언제나 '사람을 세우는 출판', '문서선교의 사명'을 향한 간절한 마음이 자리하고 있었다.

나의 기도가 출판사의 안정에만 머무르기를 원하지 않았고, 그보다 더 선명하게 하나님께서 보내실 사람들을 찾고 세우는 일에 초점을 두고자 했다. 그리고 이 기도야말로 하나님께서 기뻐하시는 방향이라는 확신이 오늘 마음 깊은 곳에서 잔잔히 흘러나왔다.

오랜 시간 출판 일을 하며 참 많은 글과 사람을 만났다. 그러나 정작 '누군가를 발견하여 세우는 일'이야말로 출판의 본질이라는 사실을 종종 잊을 때가 있었다. 교정과 편집, 제작과 일정에 쫓기다 보면 출판이 점점 기술과 업무로만 남아 버리고, 그 안에서 하나님께서 세우고자 하시는 사람들을 눈여겨보지 못할 때도 있었다.

그래서 오늘 하나님 앞에 더욱 분명하게 고백했다. "주님, 저에게 맡겨 주신 출판의 사명이 사람을 세우는 일이라면, 저에게 먼저 그 사람들을 볼 눈을 허락해 주소서. 작가를 발굴하고 길을 열어주는 출판이 되게 하소서." 내 마음에 새겨진 이 기도는 단순한 바람이 아니었다. 그것은 하나님께서 다시 내 안에 일으키신 사명의 불씨였고, 내가 이번 40일의 기도를 통해 붙들어야 할 가장 중요한 방향이었다.

작가를 발견한다는 것은 단지 글을 잘 쓰는 사람을 찾는 일이 아니라 하나님께서 그 영혼 안에 숨겨 두신 이야기를, 세상에 필요한 목소리를, 아직 피어나지 않은 사명을 발견하는 일이다. 그리고 그 발견의 순간은 인간의 눈으로만 가능한 일이 아니라 하나님의 인도하심 속에서 이루어지는 신비한 여정이다.

출판사라는 작은 기관을 운영하고 있지만, 그 안에서 하나님께서 하시는 일은 결코 작지 않다는 사실을 오늘 더욱 분명히 느끼게 되었다. 우리가 발굴한 한 사람의 글은 누군가의 삶을 위로할 수 있고, 한 편의 문장은 잃어버린 영혼에게 길이 될 수 있으며, 한 권의 책은 누군가에게 평생 잊히지 않는 전환점이 될 수 있다. 그래서 출판을 통한 문서선교의 사명이 단순한 사업이 아니라 하나님께서 세상을 향해 흘려보내시는 은혜의 통로임을 고백하지 않을 수 없다.

오늘 다시 마음을 정했다. "주님, 사람을 세우는 출판이 되게 하소서. 문암출판사와 해븐출판사가 이 시대의 작가들을 발견하는 통로가 되게 하시고, 문서선교의 사명을 감당하게 하셔서 그들의 글을 통해 하나님께서 하시는 일을 보게 하소서." 이 기도는 출판사의 안위를 위한 기도 같지만, 사실은 한 사람의 영혼을 세우는 일을 향한 기도였고, 하나님께서 주신 사명을 잊지 않기 위한 나의 고백이었다.

40일의 여정 가운데 이러한 기도 제목을 붙들 수 있다는 사실만으로도 나는 감사했고, 오늘의 기도는 내 마음 안에 새로운 확신과 기쁨을 남겼다. 하나님께서 이 작은 소망을 사용하셔서 더 큰 이야기를 써 내려가실 것이라는 믿음이 선명해졌다.

✟ 기도

주님, 같은 목적을 품고 기도할 수 있는 은혜를 주셔서 감사합니다. 문암출판사와 해븐출판사를 통해 하나님께서 세우실 작가들을 발견하게 하시고, 그들의 글 속에 담긴 문서선교의 사명을 보게 하소서. 출판이 단순한 일이 아니라 사람을 세우는 사명임을 잊지 않게 하시며, 이 40일 동안 저의 시선과 마음이 더욱 분명히 주님의 뜻을 향하게 하소서. 아멘.

Day 5
하나님의 뜻을 기다리는 인내의 자리

40일의 여정 가운데 다섯째 날을 맞으며, '기다림'이라는 주제를 깊이 묵상하게 되었다. 기도를 시작한 지 며칠 지나지 않았지만, 이미 내 마음 안에서는 조급함과 기대가 교차하고 있었다.

기도의 제목을 드렸으니 무엇인가 빠르게 변화가 일어나기를 바라는 마음이 자연스럽게 생겨났고, 하나님께서 나의 기도에 어떤 방식으로 응답하실지 궁금해지기도 했다. 그러나 오늘, 조용한 묵상 속에서 나는 하나님께서 가장 먼저 가르치시는 것이 '기다림의 영성'이라는 사실을 깨닫게 되었다. 하나님은 우리의 마음이 준비될 때 응답하시지 우리의 시간표에 따라 움직이시는 분이 아니기 때문이다.

그래서 오늘 나는 서두르지 않고, 조급해하지 않고, 하나님께서 일하시는 때를 신뢰하며 기다리는 법을 배우고자 마음을 낮추었다. 그 기다림의 자리는 불안이 아니라, 하나님의 뜻이 이루어지기를 소망하는 고요함으로 가득했다.

오랫동안 무엇인가를 시작하면 빠른 결과를 보고 싶어 하는 성향을 가지고 있었다. 출판을 할 때도, 기도를 할 때도, 관계를 세울 때도, 내가 기대한 속도만큼 일이 진행되지 않으면 마음이 흔들리고 낙심이 찾아오곤 했다. 그러나 지금 돌아보면, 하나님께서 나에게 가장 깊은 깨달음을 주셨던 순간들은 언제나 '기다림의 시간'이었다. 아무것도 보이지 않는 시기, 아무 응답도 들리지 않는 침묵의 시간, 내 계획이 멈춘 자리에서 하나님께서 나를 다듬고 계셨음을 나는 뒤늦게야 알게 되었다.

그래서 오늘 나는 고백할 수밖에 없다. "주님, 저는 기다림 앞에서 너무 쉽게 지쳤습니다. 그러나 이제는 기다림조차 주님의 뜻 안에서 배우고 싶습니다." 이 고백은 단순한 인내의 요청이 아니라, 하나님께서 나의 마음을 새롭게 하시기를 구하는 진실한 바람이었다.

기다림은 아무 일도 일어나지 않는 시간이 아니다. 오히려 하나님께서 가장 깊이 일하시는 시간이며, 우리가 가장 크게 성장하는 과정이다. 씨앗이 땅 속에서 보이지 않는 시간을 보내야 싹을 틔울 수 있듯이, 우리의 기도도 침묵 속에서 하나님의 때를 준비하는 과정을 반드시 거쳐야 한다.

그 사실을 머리로는 알고 있었지만, 마음으로 받아들이기까지는 오랜 시간이 걸렸다. 오늘의 묵상 속에서 하나님은 다시 내게 말씀하시는 듯했다. "기다려라. 내가 너를 위해 일하고 있다." 그 음성이 내 영혼에 깊게 스며들자, 나는 더 이상 조급함으로 기도하지 않고, 하나님께서 준비하시는 응답을 기대하는 마음으로 기도의 발걸음을 옮기게 되었다.

오늘 Day 5의 기도를 드리며 다시금 깨닫는다. 기도는 내가 원하는 것을 빠르게 받기 위한 통로가 아니라, 하나님께서 나의 마음을 빚어 가시는 과정이다. 기다리는 시간은 낭비가 아니라, 하나님의 손길이 가장 정교하게 일하는 은혜의 시간이며, 그 시간 속에서 우리는 더 깊이 변하고 성숙해진다.

40일의 여정 가운데 다섯째 날에 이르러 나의 마음속에 이렇게 다짐한다. "주님, 당신의 때를 신뢰하겠습니다. 응답이 더딘 것처럼 보일지라도, 당신은 결코 늦지 않으시는 분임을 믿습니다. 기다림 속에서 당신을 더 깊이 경험하게 하소서."

✞ 기도

주님, 기다림의 자리에서 저를 다듬어 주소서. 조급함 대신 신뢰를 불안 대신 평안을 주시고, 제가 원하는 시간이 아니라 주님께서 정하신 완전한 때를 바라보게 하소서. 침묵 속에서도 하나님께서 일하고 계심을 믿게 하시며, 이 40일의 여정 속에서 기다림의 영성을 배워 가게 하소서. 아멘.

Day 6
말씀 앞에서 기도의 방향을 다시 세우다

40일의 여정 가운데 여섯째 날을 맞으며, 나는 기도의 중심은 결국 '말씀 앞에 서는 일'이라는 사실을 다시 깊이 묵상하게 되었다. 지난 며칠 동안 기도의 방향을 세우고, 내려놓음을 배우고, 응답을 기대하며 기다림의 의미를 되새겼다면, 오늘은 이 모든 여정을 지탱하고 바로 세우는 본질, 말씀으로 다시 돌아가야 할 때임을 느꼈다.

사람의 결단과 의지는 쉽게 흔들리고 마음의 열정은 금세 식어버리지만, 하나님의 말씀은 흔들리지 않는 기준이 되어 우리의 기도를 바른 자리로 이끌어 준다.

그래서 오늘 그 어떤 기도보다 먼저 말씀을 펼쳐 하나님께서 내게 무엇을 말씀하시는지를 듣고자 조용히 마음을 고요한 곳으로 이끌었다. 말씀은 기도의 방향을 밝혀 주는 지도였으며, 내가 흔들릴 때마다 기도의 초점을 다시 잡아주는 흔들리지 않는 기준이었다.

난 오랫동안 기도할 때 종종 '내가 원하는 기도'를 먼저 생각하곤 했다. 그러나 말씀을 펼치는 순간, 기도는 내가 하나님께 말씀드리는 시간이기 이전에 하나님께서 나를 가르치시는 시간임을 알게 되었다. 오늘 묵상한 말씀 한 구절이 내 마음을 깊이 흔들었다. "너희의 길이 아닌 여호와의 길을 따를지어다." 이 말씀은 오래전 수없이 들었던 구절이지만, 오늘은 마치 처음 듣는 것처럼 신선한 울림으로 다가왔다.

그동안 기도를 통해 길을 열어 달라고만 요청했지만, 정작 내 길을 내려놓고 하나님의 길을 구하는 진정한 순종의 기도는 부족했음을 깨달았다.

그래서 말씀 앞에서 다시 고백했다. "주님, 제가 원하는 길이 아니라 주님께서 원하시는 길을 걷게 하소서. 제 기도가 제 중심에서 벗어나 주님의 중심으로 이동하게 하소서." 말씀은 나의 기도를 고쳐 세웠고, 마음을 바로 세우는 거울이 되어 주었다.

말씀을 붙들고 기도할 때 내 마음은 더욱 분명해졌다. 하나님께서 지금 나에게 무엇을 요구하시는지, 어떤 마음을 가지길 원하시는지, 그리고 어떤 방향으로 순종하길 바라시는지가 말씀 속에서 조금씩 드러났다.

그때 깨달았다. 기도의 능력은 '간절함의 강도'에서 나오는 것이 아니라 '말씀의 진리 위에 서 있는 깊이'에서 나온다는 사실을, 말씀을 벗어난 기도는 결국 내 감정의 결을 따라 흔들리지만 말씀 위에 세워진 기도는 시간이 지나도 흔들리지 않는다.

오늘 말씀을 묵상하며 하나님께서 나에게 주신 감동은 분명했다. "말씀 없이 드리는 기도는 길을 잃는다." 이 한 문장은 오늘 나의 마음에 깊고도 선명하게 새겨졌다. 기도의 여섯째 날, 다시 한 번 말씀을 붙들어야 한다는 영적 자각 속에서 새로운 힘을 얻었다.

오늘 조용히 마음속에서 다짐하였다. "주님, 제 기도를 말씀 위에 세우겠습니다. 말씀 안에서 기도의 깊이를 찾고, 말씀 안에서 제 길을 바로 세우겠습니다." 40일의 여정은 단지 기도만을 쌓아 가는 시간이 아니라, 말씀과 기도가 하나로 만나 내 영혼을 새롭게 하는 과정이다.

기도가 나의 숨결이라면 말씀은 나의 뼈대를 세우는 골격과도 같다. 이 둘이 함께할 때, 비로소 나는 흔들리지 않는 신앙의 자리에 서 있을 수 있다는 진리를 오늘 다시 고백하게 된다. 여섯째 날의 묵상은 내게 단순한 깨달음이 아니라 새로운 기준을 심어 주었고, 내 영혼이 앞으로 걸어갈 방향을 더욱 선명하게 밝혀 주었다.

✞ 기도

주님, 오늘 말씀 앞에 제 마음을 다시 곧게 세웁니다. 제 안에 있는 생각과 감정이 순간마다 흔들릴지라도, 그 모든 것을 잠잠케 하시고 말씀이 중심이 되게 하소서.

제 기도가 제 뜻을 주장하는 도구가 아니라, 주님의 뜻을 듣고 따르는 통로가 되게 하시며, 제 안의 불안과 조급함도 당신의 말씀 아래에서 안식을 얻게 하옵소서.

주님, 제가 걷는 길을 말씀으로 비추어 주시고, 매 순간 선택해야 할 자리에서 당신의 길을 따를 수 있도록 마음을 이끄소서. 때로 제 시야가 좁아지고 제 감정이 앞설 때에도, 말씀은 제 영혼을 새롭게 하시고 길을 여시는 힘임을 잊지 않게 하옵소서.

이 40일 동안 말씀과 기도가 하나로 엮여 제 삶을 변화시키는 은혜가 일어나게 하시고, 제 영혼이 다시 주님께 깊이 뿌리내리게 하옵소서. 아멘.

Day 7
흩어진 마음을 다시 모으는 영적 집중의 시간

    40일의 여정 가운데 일곱째 날을 맞으며 기도에서 가장 어려운 일 가운데 하나가 '마음을 모으는 것'임을 깊이 실감하게 되었다. 육체가 지치면 쉬면되지만, 마음이 흩어지면 그것은 단순한 휴식으로 회복되는 것이 아니라 하나님 앞에서 다시 중심을 잡아야만 회복되는 영적 정리의 과정이 필요하다.

    오늘 잠시 기도의 자리를 떠나 내 마음을 들여다보았다. 지난 며칠 동안 기도하고 묵상하며 걸어왔지만, 여전히 마음 한편에는 잡다한 생각과 염려, 해결되지 않은 감정들이 뒤섞여 있었고, 그것들이 기도의 깊이를 방해하고 있음을 정직하게 인정할 수밖에 없었다. 그래서 오늘은 하나님 앞에서 흩어진 마음을 다시 모으고, 기도의 집중력을 회복하는 날로 삼았다. 중심을 잃은 기도는 방향을 잃고, 집중력을 잃은 영혼은 하나님의 음성을 분별하기 어렵기 때문이다.

    나는 오래전부터 '바쁜 마음'이 하나님께 나아가는 데 가장 큰 장애물이 된다는 사실을 알고 있었다. 그러나 바쁘지 않아도 마음은 얼마든지 산란해질 수 있고, 아무 일도 없어 보이는 날에도 내면은 복잡한 생각들로 가득 찰 수 있다. 오늘 그 사실을 더욱 뚜렷하게 느꼈다.

기도하려 무릎을 꿇었지만, 머릿속에 떠오른 생각들이 기도를 가로막았고, 해야 할 일들, 염려되는 일들, 미처 마무리하지 못한 일들, 그리고 눈에 보이지 않는 작은 긴장감들이 마음속을 어지럽히고 있었다.

그때 나는 하나님께서 내게 주시는 조용한 내적 음성을 듣게 되었다. "네 마음을 모아라. 내가 너에게 말하고자 하는 것이 있다." 그 음성은 명령이 아니라 부드러운 초대였고, 그 초대 앞에서 다시 마음을 주님께 집중하고자 깊은 숨을 내쉬었다. 기도는 단순히 입술의 고백이 아니라 마음의 방향을 하나님께 돌리는 행위이며, 오늘의 묵상은 그 방향을 다시 세우는 은혜의 순간이었다.

오늘 마음속에서 조용히 하나씩 내려놓는 작업을 시작했다. 해결되지 않은 감정, 쓸데없이 반복되는 걱정, 내 힘으로 어떻게 해보려는 조급함, 사람의 평가를 의식하는 마음, 그리고 스스로 만들어 낸 불필요한 부담들 …. 그것들을 하나씩 바라보고 이름을 붙인 뒤, 하나님께 조용히 올려드렸다. 그러자 내 영혼 안에 작은 평안이 흐르기 시작했다.

하나님 앞에서 마음을 모으는 일은 '비우는 작업'이 아니라 '정돈의 과정'임을 깨달았다. 흩어진 마음을 다시 모을 때, 마치 산란하던 먼지가 가라앉듯 마음이 맑아졌고, 그 맑아진 자리에서 하나님께서 주시는 작은 감동들이 이전보다 더 선명하게 다가왔다. 영적 집중은 억지로 애써 얻는 것이 아니라, 하나님 앞에서 마음을 정직하게 드러낼 때 자연스럽게 회복되는 은혜였다.

오늘 7일째 날의 기도를 드리며 다시금 깊이 깨닫는다. 영적 집중이란 단순히 기도 시간에 집중하는 것이 아니라, 하나님께 마음을 돌리는 '영혼의 방향 전환'이라는 사실을, 마음이 흩어질 때는 속도가 아니라 방향을 점검해야 하고, 기도가 흐려질 때는 분량이 아니라 마음의 자세를 돌아보아야 한다.

40일의 여정은 단순히 기도를 쌓아 가는 일정표가 아니라 매일매일 하나님께 마음을 되돌리는 영적 훈련의 시간이다. 그래서 오늘 다짐한다. "주님, 제 마음이 흩어질 때마다 주님께로 다시 돌아가게 하소서. 기도의 깊이를 잃지 않게 하시고, 당신의 음성을 듣기 위해 마음을 집중하는 법을 배우게 하소서." 이 하루는 그저 지나가는 하루가 아니라, 내 영혼이 다시 정돈되는 은혜의 시간이 되었다.

✝ 기도

주님, 흩어진 마음을 다시 모아 온전히 주님께 드립니다. 하루 동안 제 안을 스쳐 지나간 산란한 생각들과 필요 없는 염려들을 하나씩 거

두어 주시고, 제 마음의 시선이 다시 당신께 향하도록 붙들어 주소서. 제가 기도의 자리에 앉을 때마다 흔들림 없는 집중력을 주시고, 제 영혼 깊은 곳까지 스며드는 주님의 조용한 음성을 들을 수 있는 민감함을 허락하옵소서.

주님, 오늘의 묵상이 제 생각을 새롭게 하고, 제 마음을 다듬어 더 깊은 영성으로 이끌게 하소서. 말씀을 통해 제 영혼이 정돈되고, 기도를 통해 제 삶의 방향이 바로 세워지게 하시며, 당신의 임재 안에서 진정한 쉼과 회복을 누리게 하옵소서.

이 40일의 여정 속에서 어느 순간에도 흔들리지 않는 마음을 주시고, 감정이 아닌 믿음으로, 습관이 아닌 사랑으로 주님 앞에 나아가게 하소서. 주님께서 시작하신 이 영적 걸음이 끝까지 은혜로 이어지게 하시며, 제 하루하루가 주님께 드려진 삶이 되게 하옵소서. 아멘.

Day 8
✞ 예기치 않은 응답으로 찾아오신 하나님의 손길

응답받는 40일 방언기도를 시작하면서 나는 일의 특성상 정해진 시간에 기도의 자리를 꾸준히 지키기가 쉽지 않았다. 교회에서 함께 드리는 기도회에 온전히 참여하고 싶었지만 현실은 나를 늘 바쁘게 붙들어 두었고, 일정은 예측할 수 없이 흘러갔다.

그러나 그날그날의 흐름 속에서도 책임과 작정의 마음만큼은 잃지 않으려 했다. 정해진 자리에는 앉지 못할지라도, 무시로 서재에 들어가 하나님께 마음을 열고 맡겨진 기도의 작정을 지키려 애쓰던 그날, 예기치 않은 일이 조용히 일어났다. 마치 하나님께서 준비해 두신 은혜가 갑자기 문틈으로 들어오는 듯한 순간이었다.

얼굴 한번 본 적 없고, 단지 SNS를 통해 글만 접해 오던 한 작가에게서 갑작스럽게 연락이 온 것이다. "혹시 제 책을 만들어 주실 수 있나요?"라는 짧은 질문이 휴대전화 화면에 올라온 그 순간, 나는 한동안 말없이 화면을 바라보았다. 출판을 위해 기도드린 지 얼마 되지 않은 시점이었고, 그 기도가 내 욕심인지 하나님이 주신 방향인지 고민하며 마음을 조심스럽게 들여다보던 바로 그 시기였다.

그런데 전혀 예기치 못한 방식으로 하나님께서 먼저 응답을 보내주신 것이다. 몇 마디 대화를 나눈 뒤 며칠 지나지 않아 그 작가는 실제 원고 파일을 메일로 보내왔다. 그 사실 앞에서 한동안 말을 잃었다. 아무런 인맥도, 계획도, 연결도 없던 사람으로부터 마치 준비된 퍼즐 한 조각처럼 원고가 내 손에 들어온 것이다. 그때 나는 마음속 깊은 곳에서 잔잔히 울려 퍼지는 확신을 느꼈다. 이것은 단순한 우연이 아니라 하나님께서 열어주신 문이라는 사실을 알게 되었다.

그날 서재에 홀로 앉아 하나님 앞에 조용히 고백했다. "주님, 제가 드린 기도가 작은 욕심이 될까 두려웠습니다. 그러나 주님은 제가 걷는 이 길이 당신의 뜻 안에 있음을 이렇게 증거해 주십니다." 작정한 기도의 책임을 지키고자 했던 그 작은 순종의 걸음을 주님은 결코 외면하지 않으셨다. 오히려 정해진 자리에 있지 못한 나의 연약함보다, "기도하겠습니다"라고 다짐했던 마음 하나를 보셨고, 그 마음 위에 하나님의 때에 맞는 응답을 올려놓으신 것이다.

그 사실을 깨닫는 순간, 기도란 '내가 얼마나 열심히 하느냐'보다 '하나님께 마음을 얹는 순간'에 작동하는 은혜라는 것을 다시금 깊이 느꼈다. 내 손으로 아무것도 열지 못하던 문이, 하나님께서는 조용히 그러나 정확하게 열어주셨다.

오늘 Day 8을 지나며 나는 한 가지 중요한 사실을 고백하게 된다. 기도는 우리의 능력을 드러내는 시간이 아니라, 하나님의 일하심을 드러내는 시간이라는 것, 내가 기도를 지켜냄으로 하나님이 일하시는 것이 아니라 하나님께서 일하시기 위해 내 마음을 기도의 자리로 초대하신다는 것, 그리고 하나님은 우리가 예상하지 않은 길과 사람을 통해 가장 완벽한 때에 응답을 보내주신다는 것을, 오늘 받은 이 은혜의 경험은 내게 기도가 결코 헛되지 않다는 확실한 표징이 되었고, 나의 40일 기도의 영성 여정을 더 깊고 견고하게 세워주는 든든한 기둥이 되었다.

✝ 기도

주님, 오늘 제게 뜻밖의 응답을 허락하신 은혜에 감사드립니다. 저의 작은 순종을 보시고 당신의 때에 문을 여시는 주님을 찬양합니다. 제가 기도할 때마다 조급해하지 않고 하나님의 때를 신뢰하게 하시며, 예상치 못한 통로를 통해 일하시는 주님의 손길을 더욱 깊이 경험하게 하소서. 이 40일의 여정 속에서 날마다 하나님의 인도하심을 보게 하옵소서. 아멘.

Day 9
작은 순종 위에 이어진 하나님의 세밀한 인도하심

40일의 여정 가운데 아홉째 날을 맞으면서, 하나님께서 어떻게 기도에 응답하시는지 그 섬세한 방식을 다시 깊이 묵상하게 되었다. 응답받는 기도가 한창이던 시기에 예기치 않게 한 작가에게서 원고 요청이 들어왔고, 그 일은 단순한 연락 이상의 의미를 담고 있었다. 하나님께서 내 마음의 작정과 기도의 방향을 확인시키는 표징처럼 다가왔기 때문이다.

그리고 그 은혜는 단순한 시작에 머물지 않았다. 서재에 앉아 그 작가가 보내온 원고를 펼치며, 글 하나하나를 정성스럽게 다듬기 시작했다. 오탈자를 바로잡고, 문장의 호흡을 다듬고 의미가 더 선명해지도록 조용히 손을 얹는 과정 속에서 나는 다시 한 번 출판의 본질을 생각하게 되었다. 출판은 단순한 기술이나 작업이 아니라 한 사람의 영혼이 담긴 문장을 가장 아름다운 형태로 세상 앞에 내어놓는 깊은 사명임을 안다.

편집이 어느 정도 마무리되자 수정된 원고를 다시 작가에게 보내고, 혹여 내가 놓친 부분이 없는지 함께 살펴 달라고 조심스럽게 요청했다. 그 과정은 비록 시간이 들고 손이 많이 가는 작업이었지만 그 시간 전체가 하나님의 인도하심 아래 있는 은혜의 과정임을 느낌으로 오히려 감사했다. 이어서 표지 디자인에 착수하며 그 책이 지닌 분위기와 메시지를 어떻게 담아낼 것인지 깊이 고민했다. 한 권의 표지는 단순한 외형이 아니라 독자와 첫 번째로 만나는 얼굴이기 때문이다. 몇 번의 시안을 거듭하며 더 나은 색감과 구조를 고민하던 중, 마침내 작가로부터 "이 표지가 좋습니다"라는 승인의 메시지가 도착했다. 그 순간 긴 작업의 한 과정이 마침표를 찍는 듯한 잔잔한 기쁨이 내 마음을 적셨다.

    그리고 마지막으로 나는 인쇄소에 최종 파일을 넘겼다. 그 버튼을 누르는 순간, 설명할 수 없는 깊은 감사가 마음에 차올랐다. 아무런 인연도 없던 이가 보내온 원고가 이렇게 한 권의 책으로 나아가기까지 그 모든 과정은 철저히 하나님의 주권 아래 있었고, 내 작은 순종 위에 펼쳐진 은혜의 이음매였음을 인정하지 않을 수 없었다. 기도하던 시기에 하나님께서 보내 주신 이 일은 단순한 출판 업무가 아니라 하나님께서 "내가 너의 길을 보고 있다, 그리고 일하고 있다"라는 조용한 응답으로 느껴졌다. 나는 그 사실 앞에서 오늘 또다시 고백했다. "주님, 당신께서는 우리가 감히 예상하지 못한 방식으로 일하고 계십니다. 저의 작은 기도도 헛되지 않게 하시고, 작은 순종도 결코 놓치지 않으시는 분이십니다." 이 모든 일은 우연이 아니라 하나님의 정확한 때와 계획 속에서 이루어진 은혜였다.

아홉째 날의 기도를 마치며 나는 마음속에서 깊은 확신을 얻게 된다. 하나님께서는 우리가 드리는 기도를 단 한 번도 흘려보내지 않으신다는 것, 그리고 우리가 정직하게 드리는 작은 순종 하나하나를 통해 크고 놀라운 역사를 이어 가신다는 것, 이번 출판 과정은 단지 한 권의 책을 만드는 작업이 아니라 기도에 응답하시는 하나님의 손길을 실제로 경험하는 시간이 되었다. 그리고 나는 이 경험을 마음 깊은 곳에 새기며 남은 여정도 믿음으로 걸어가기로 다짐한다. "주님, 저의 삶이 당신의 뜻을 담는 통로가 되게 하소서. 맡겨 주신 일을 통해 하나님이 영광 받으시길 원합니다."

✝ 기도

주님, 오늘 제가 겪은 모든 과정 속에서 일하신 당신의 세밀한 손길에 감사드립니다. 눈에 보이지 않는 순간에도 저를 붙들어 주시고, 흔들릴 때마다 제 마음을 다독여 주셨습니다. 작은 기도에도 응답하시고, 작은 순종에도 은혜로 화답하시는 주님의 마음을 오늘 더 깊이 느끼게 하셨습니다.

주님, 제가 미처 알아차리지 못한 은혜의 흔적들까지도 기억하게 하시고, 지나간 하루 속에서 당신이 얼마나 충만하게 역사하셨는지 깨닫게 하옵소서.

오늘도 저를 품으시고 이끄신 주님, 내일의 시간도 주님께 맡깁니다. 제가 걸어가야 할 길에서 당신의 빛을 잃지 않게 하시고, 어떤 상황에서도 주님을 바라보는 시선을 흔들림 없이 지켜 주소서. 제 삶의 작은 일상 속에서도 주님의 영광이 드러나고, 제가 만나는 모든 이들에게 주님의 온유와 평화가 흘러가게 하소서. 아멘.

Day 10
작은 응답을 기억하며 감사의 영성을 회복하다

 40일의 여정 가운데 열째 날을 맞으며 지난 며칠 동안 걸어온 길을 조용히 돌아보았다. 기도의 자리에서 드렸던 여러 고백과 작은 순종들이 어떻게 하나님의 손길 아래서 연결되어 왔는지 그리고 그 과정 속에서 하나님께서 얼마나 세밀하게 일하셨는지를 되새기자 마음 깊은 곳에 감사가 천천히 차오르기 시작했다.

 기도는 때때로 거대한 응답만을 기대하게 만들지만, 돌아보면 하나님의 은혜는 언제나 '작은 응답' 속에서 더 먼저 다가온다는 사실을 오늘 깊이 깨닫는다. 원고 요청이 찾아온 그 날 편집과 교정, 디자인과 인쇄까지 이어졌던 모든 과정은 단지 한 권의 책을 만드는 절차가 아니라 하나님께서 "내가 너의 기도를 듣고 있다"라고 조용히 속삭이신 일상의 기적이었다. 그래서 나는 오늘 이 작은 응답들을 하나씩 떠올리며 감사의 영성을 다시 세우는 날로 삼았다. 감사는 단순한 감정이 아니라 하나님을 바라보는 시선이며 영혼의 자세라는 진리를 다시 되새겼다.

기도의 길을 걷다 보면 종종 우리가 원하는 것만 바라보며 마음이 조급해질 때가 있다. 그러나 하나님은 크고 놀라운 일로만 응답하시는 분이 아니라 우리의 걸음마다 작은 흔적을 남기시며 "내가 함께 있다"는 신호를 보내시는 분이다.

그 사실을 수없이 들었음에도 불구하고 실제로 그것을 깊이 느끼기까지 많은 시간이 필요했다. 그러나 요즘의 여정 속에서 하나님은 매우 섬세하고 구체적인 방식으로 내 마음의 문을 두드리셨다. 예기치 않은 사람을 보내주시고, 나의 기도 제목과 닿아 있는 일을 연결해 주시고, 때마다 필요한 지혜와 힘을 채워 주셨다. 오늘 그 모든 과정을 떠올리며 한 가지 중요한 진리를 깨닫는다. "감사는 응답 이후에 드리는 것이 아니라 응답을 깨닫는 순간 자연스럽게 흘러나오는 영혼의 반응"이라는 것을 알게 되었다. 감사할 줄 아는 마음이 바로 믿음이며, 감사하는 사람만이 하나님의 다음 응답을 준비할 수 있다.

그래서 오늘 하나님께서 주신 작은 은혜들을 잊지 않으려고 마음속으로 길게 목록을 만들어 보았다. 연결된 인연 하나 기도 속에서 들려온 작은 위로 하나까지 마음의 평안 하나까지도 그리고 기도할 때마다 하나님께서 주시는 기묘한 확신 하나…. 사람들은 이 모든 것을 우연이라고 말할지 모르지만 기도를 아는 사람은 그것이 우연이 아니라 하나님의 '작은 응답'이라는 사실을 안다.

작은 응답이 쌓여 큰 길이 되고, 작은 은혜가 쌓여 큰 믿음이 되며, 작은 감동 하나가 쌓여 결국 하나님의 역사가 된다. 오늘 그것을 다시 고백하며 마음 깊은 곳에서 하나님께 감사의 예배를 드렸다. 하나님께서 내게 주신 작은 응답 하나하나가 지금의 나를 세웠으며, 앞으로도 나를 이끄는 기둥이 될 것이다.

열째 날의 기도를 드리며 이렇게 다짐한다. "주님, 작은 은혜도 잊지 않게 하소서. 작은 응답에도 감사하게 하소서. 그리고 감사하는 마음으로 당신의 다음 인도하심을 기다리게 하소서." 감사는 기도의 완성이고, 감사는 영혼의 겸손이며, 감사는 하나님을 더 깊이 신뢰하는 마음을 만들어 준다.

오늘 작은 응답을 기억하며 감사의 영성을 다시 세우는 이 시간이, 남은 40일의 여정을 더욱 깊고 풍성하게 채울 것임을 확신하게 된다. 하나님께서 이미 주신 것에 감사할 때, 우리는 앞으로 주실 것 또한 믿음으로 바라볼 수 있다. 오늘의 감사는 내일의 믿음을 준비시키는 가장 깊은 영적 작업이었다.

✟ 기도

주님, 오늘 제게 주셨던 작은 응답들을 기억하며 감사드립니다. 크고 놀라운 일만이 은혜가 아니라, 일상 속에서 조용히 베푸시는 작은 은혜 하나하나가 저의 믿음을 세우는 줄 다시 깨닫습니다. 감사의 마음을 잃지 않게 하시고, 감사 속에서 하나님의 다음 인도하심을 기대하게 하소서. 이 40일의 여정 속에서 제 영혼이 감사로 더욱 깊어지게 하옵소서. 아멘.

part 2

응답받는 기도 20일의 여정

Day 11 _ 억지로가 아닌 성령의 흐름을 따라 걷는 순종의 길
12 _ 숨겨진 하나님의 특별한 인도하심
13 _ 보이지 않는 자리에서의 하나님의 은혜
1 _ 기다림 속에서도 공급하시는 하나님
15 _ 기도 속에서 이어진 또 하나의 놀라운 연결
16 _ 예비하신 다음 걸음이 조용히 열리다
17 _ 다시 배우는 은혜와 연합의 기쁨
1 _ 예기치 못한 은혜의 열매
19 _ 하나님이 이어가시는 응답의 흐름
20 _ 어머니의 기도가 살아 움직이다

Day 11
억지로가 아닌 성령의 흐름을 따라 걷는 순종의 길

40일의 여정 가운데 11일째 날을 맞으며 순종이라는 단어를 다시 깊이 묵상하게 되었다. 우리는 종종 '해야 하니까 한다'는 책임감으로 순종을 이해하지만, 성경에서 말하는 순종은 억지의 행위가 아니라 하나님의 흐름에 자신을 맡기는 영적 신뢰의 태도였다. 내가 주도권을 쥐고 끌고 가는 것이 아니라, 성령께서 인도하시는 방향과 속도를 바라보며 옮기는 한 걸음 한 걸음이었다.

오늘 그 사실을 다시 깨닫는다. 기도와 묵상의 시간이 이어지면서 마음 한편에 이상하게도 '억지로'라는 단어가 떠올랐다. 돌아보면 신앙의 여러 자리에서 감당해야 할 일들을 책임감으로만 붙든 때가 많았고, 그 무게가 때로는 순종을 의무로 만들어 버리기도 했다.

그러나 오늘 조용히 기도하는 동안 하나님께서는 내 마음을 부드럽게 건드리시며 말씀하시는 듯했다. "억지로가 아니라 나의 흐름을 따라오너라." 그 음성은 명령이 아니라 초대였고, 초대 속에는 신뢰의 향기가 담겨 있었다.

난 오랫동안 '열심히 하는 것'이 하나님께 대한 최선의 순종이라고 여겼다. 그러나 하나님께서 원하시는 순종은 내가 얼마나 많은 일을 하느냐보다 '어떻게' 하느냐에 있었다. 억지로 하는 순종은 마음을 지치게 하고 의무감만을 남기지만 성령의 흐름을 따라 걷는 순종은 영혼을 자유롭게 하며 기쁨을 준다.

오늘의 묵상 속에서 나는 마음의 속도를 천천히 낮춰 보았다. 그리고 나의 계획과 일정, 나의 방식과 열심을 내려놓으며 조심스럽게 하나님께 나아갔다. 그러자 내 마음에 한 가지 분명한 사실이 떠올랐다. 하나님께서 원하시는 순종은 '힘으로'가 아니라 '신뢰로' 걷는 순종이라는 것. 하나님을 믿기 때문에 따라가는 순종, 앞에 있는 길을 다 보지 못해도 하나님이 이끄시는 방향이라면 기꺼이 순종하는 마음. 그것이 바로 하나님께서 기뻐하시는 순종이었다. 오늘 나는 그 순종의 자리를 다시 배우게 되었다.

기도하는 동안 문득 지난 시간 속에서 일어난 작은 일들이 떠올랐다. 뜻밖에 찾아온 원고 요청, 정성 들여 진행했던 편집과 디자인의 과정, 그리고 인쇄로까지 자연스럽게 이어졌던 모든 흐름이 하나님의 손길 아래 있었음을 다시 깨닫게 되었다. 내가 억지로 방향을 만들지 않았고, 억지로 사람을 만들지 않았으며, 억지로 문을 두드리지도 않았다. 그저 기도의 자리에 머물렀고 하나님께 맡긴 그 자리를 하나님은 스스로 열어 가셨다.

이것이 바로 '성령의 흐름'이었다. 하나님이 일하시면 자연스럽게 길이 열리고, 내가 아닌 하나님이 주도하시는 순간에는 모든 과정이 억지스럽지 않고 부드럽게 흘러간다. 그 사실을 오늘 깊이 인정하지 않을 수 없었다. "주님, 저는 그동안 너무 제 힘으로 순종하려 했습니다. 그러나 오늘 저는 당신의 흐름에 제 마음을 맡기기로 결심합니다." 이 고백은 나의 욕심을 내려놓는 순간이자 하나님을 더 신뢰하는 자리였다.

11일째 날의 묵상은 내 신앙의 속도를 점검하는 귀한 은혜가 되었다. 순종은 내가 앞서가는 것이 아니라, 하나님이 앞서가시는 흐름을 '따르는 것'이라는 진리를 다시 새기게 되었기 때문이다. 기도의 여정은 결국 하나님이 이끄시는 방향을 배우는 길이며, 억지로가 아닌 기쁨과 신뢰로 걸어가는 연습이다.

오늘 조용히 다짐한다. "주님, 제 힘으로 앞서지 않겠습니다. 당신이 여시는 길을 따라가겠습니다. 성령의 흐름을 방해하지 않게 하시고, 당신의 걸음을 신뢰하는 순종을 배우게 하소서." 이 결심은 오늘의 하루를 넘어서 내 삶의 방향을 다시 정리해 주는 깊은 영적 기준이 되었다.

✚ 기도

주님, 억지로가 아닌 성령의 흐름 속에서 순종하는 법을 가르쳐 주소서. 제 마음이 조급함으로 앞서지 않게 하시고, 제 힘으로 문을 열려고 애쓰지 않도록 지혜를 주옵소서.

주님이 여시는 길 앞에서는 기쁨으로 따르게 하시고, 막으시는 길 앞에서는 담담히 멈출 수 있는 믿음을 제 안에 심어 주소서. 순종이 의무가 아니라 사랑과 신뢰의 고백이 되게 하시며, 오늘의 작은 걸음 하나도 성령의 인도하심을 따라 걷게 하옵소서. 이 40일 동안 주님의 손길을 더 깊이 경험하게 하시고, 순종의 기쁨이 날마다 새로워지게 하옵소서. 아멘.

Day 12
숨겨진 하나님의 특별한 인도하심

40일의 여정 가운데 12일째 날을 맞으며 지난 세월의 큰 줄기를 조용히 되돌아보게 되었다. 사실 오래전에 신학을 전공했지만 목회의 길을 택하지 않았다. 다른 이들이 교회의 강단으로 향하던 그때, 하나님의 인도하심 속에서 또 다른 길을 걷게 되었고, 그 길은 선교단체에서의 30년 헌신이라는 전혀 예상치 못한 여정으로 이어졌다. 돌이켜 보면, 누군가는 그 시간을 '목회를 포기한 사람의 길'이라고 말할지도 모른다. 그러나 오늘의 묵상 가운데 그 세월이 결코 우회가 아니었음을, 오히려 하나님께서 나에게 주신 독특한 사명의 길이었음을 깊이 깨닫는다.

선교단체에서 보낸 30년의 시간 동안 수많은 목회자와 신학자들을 만났다. 그들과 함께한 세미나와 조찬 기도회에서 나누었던 대화, 그들의 설교와 글, 그리고 그들의 삶에서 흘러나오던 은혜의 향기들은 지금의 나를 만들어 준 보석 같은 시간들이었다. 비록 목회자는 아니었지만 목회자보다 더 많은 목회자의 삶을 가까이에서 지켜보았고, 신학자들의 깊은 학문과 고민을

귀로 듣고 가슴으로 배우며 살았다. 그 시간이 쌓여 한 권의 신학책보다 더 깊은 '삶의 신학'을 가르쳐 주었다. 교회의 강단은 아니었지만 하나님께서는 선교 현장에서 나를 훈련하셨고, 사람과 말씀을 대하는 마음을 길러 주셨다. 이 모든 경험이 오늘의 나를 있게 한 하나님의 특별한 교육 과정이었다는 것을 이제야 명확하게 고백하게 된다.

당시에는 이해하지 못한 순간도 많았다. 왜 목회자의 길을 걷지 않는가, 왜 내 길은 남들과 다르게 펼쳐지는가, 하나님께서 내게 맡기신 역할은 무엇인가 …. 그러나 하나님은 언제나 묵묵히 나의 걸음을 인도하셨다.

그리고 오늘, 40일 기도의 한복판에서 그 모든 세월이 하나의 선으로 연결되고 있음을 본다. 목회자가 아니었지만 목회자들을 돕는 자리에서 하나님은 사용하셨고, 또한 신학자들의 곁에서 하나님은 나의 마음을 넓혀 주셨다. 그 시간이 있었기에 지금 책을 만들며 누군가의 사명을 세우는 일을 할 수 있게 되었고, 누군가의 글을 통해 하나님께서 하실 일을 기대하는 눈도 갖게 되었다. 모든 세월은 헛되지 않았고, 하나님의 시간은 단 한 순간도 잘못 흐른 적이 없었다는 깨달음이 깊은 은혜로 다가왔다.

오늘 하나님 앞에 조용히 이렇게 고백한다. "주님, 제가 걸어온 길이 남들과 달라도 괜찮습니다. 그 길에 당신의 손길이 있었다면 그것으로 충분합니다. 그리고 그 길이 지금의 저를 만들었습니다." 30년의 시간이 한순간에 지나간 것처럼 느껴지지만, 그 모든 시간은 하나님께서 세심하게 빚어 오신 준비의 과정이었다. 12일째 날의 기도는 내게 사명에 대한 재점검이자, 하나님의 인도하심에 대한 새로운 감사의 고백이 되었다. 하나님은 돌아가는 길처럼 보이는 길도 가장 정확한 길로 바꾸시는 분이며, 멀리 돌아가는 듯한 걸음 속에서도 가장 깊은 은혜를 심어 주시는 분임을 다시 깨닫는다.

✟ 기도

주님, 제가 걸어온 지난 세월을 통해 일하신 당신의 은혜에 감사드립니다. 목회의 길을 걷지 않았던 그 시간들도 모두 주님의 계획 아래 있었음을 깨닫습니다. 제 삶을 인도하신 주님의 손길을 기억하게 하시고, 앞으로의 길에서도 같은 신뢰와 순종으로 걷게 하소서. 아멘.

Day 13
보이지 않는 자리에서의 하나님의 은혜

 40일의 여정 가운데 13일째 날을 맞으며 코로나19 직전의 기억을 조용히 떠올리게 되었다. 선교단체에서 보낸 30년의 세월을 마무리하며 퇴직을 했을 때, 그동안의 수고를 인정받아 특별공로패 하나를 받았고, 그 상패는 지난 시간의 헌신을 위로해 주는 작은 표징처럼 마음 깊은 곳에 자리하였다.

 그러나 퇴직 이후의 현실은 예상보다 훨씬 더 거칠고 낯설었다. 세상의 흐름은 빠르게 변했고, 책임과 역할이 사라진 자리에는 설명하기 어려운 공허함이 밀려왔다. 그 속에서 새로운 사명을 붙들고자 문암출판사를 시작했지만 막상 시작된 길은 생각보다 훨씬 외롭고 척박한 길이었다. 누군가의 도움이나 조언을 기대했지만, 현실은 조용했고, 원고 하나 가져다주는 사람조차 없는 날들이 이어졌다. 그 적막한 시간 속에서 그저 인내하며, 주어진 하루하루를 묵묵히 걸어갈 수밖에 없었다.

 출판사는 문을 열었지만 일이 생기지 않았고, 연락은 오지 않았고, 사람들은 새로운 출판사를 신뢰하기까지 오래 걸렸다.

모든 것이 멈춰 있는 듯한 시간, 나는 그저 서재에 앉아 책을 읽고 기도하며 하루를 쌓아 올렸다. 어떤 날은 '내가 잘못된 길을 선택한 것은 아닐까' 하는 두려움이 밀려왔고, 또 어떤 날은 '하나님께서 이 길을 정말 허락하신 것일까'라는 질문이 마음 깊은 곳을 흔들었다.

그러나 그 질문조차도 하나님께 솔직히 드릴 수 있었다는 사실이 오히려 은혜였다. 시간을 견디는 일은 쉽지 않았지만, 신앙은 바로 그 시간을 통해 더 깊어졌다. 하나님께서는 즉시 응답을 주지 않으셨지만, 그 침묵 속에서 나에게 인내를 가르치셨고, 인내 속에서 믿음을 키우셨고, 믿음 속에서 다시 걸어갈 용기를 주셨다. 아무 일도 일어나지 않는 것처럼 보이던 그 고된 시간조차도 결국 하나님의 손길 안에 있었다는 것을 나는 오늘 깊이 고백한다.

요즘 돌아보면 그때의 침묵과 고독이 오히려 하나님께서 준비하신 자리였음을 깨닫게 된다. 아무도 원고를 가져오지 않던 그 시기 글을 다듬는 법을 다시 배우고, 출판의 기본을 차근차근 쌓아 올렸으며, 무엇보다도 '기도로 일하는 법'을 배우게 되었다. 사람의 손길이 닿지 않는 자리는 하나님께서 먼저 일하시는 자리라는 사실을 그 고독한 시간 속에서 배웠다.

그러던 어느 날, 예기치 않은 원고 요청이 찾아왔고, 그 일은 마치 하나님께서 깊은 침묵을 뚫고 "내가 너를 보고 있다"라고 말씀하시는 응답처럼 느껴졌다. 하나님은 단 한 번도 늦지 않으셨고, 단 한 번도 나를 잊지 않으셨다. 오히려 나는 그 시간이 있었기에 하나님의 응답을 더 강하게 느낄 수 있었고, 그 시간이 있었기에 지금의 기도 여정이 더 깊어질 수 있었다.

13일째 날의 묵상은 나에게 분명한 사실을 가르쳐 준다. 하나님은 우리를 '일이 잘 되는 자리'에만 두시는 것이 아니라, '아무것도 일어나지 않는 자리'에서도 우리를 다듬고 세우시는 분이라는 것, 사람의 도움 없이, 인정 없이, 보이는 열매 없이 기다려야 하는 그 시간 속에서도 하나님은 변함없이 일하고 계신다.

그리고 그 시간을 견디는 자에게는 반드시 하나님만이 주실 수 있는 영적 깊이와 성숙이 더해진다는 것을 나는 내 삶으로 배웠다. 그래서 오늘 나는 주님 앞에서 조용히 고백한다. "주님, 아무도 돕지 않는 자리에서도 당신은 저를 떠나지 않으셨습니다. 그 침묵 속에서 저를 빚어 주신 은혜를 감사합니다."

✚ 기도

주님, 아무 열매도 보이지 않던 시간 속에서도 저를 붙들어 주신 은혜에 감사드립니다. 겉으로는 아무 변화도 없는 것처럼 보였으나, 그 침묵의 계절 속에서조차 주님은 제 안을 다듬고 믿음을 자라게 하고 계셨음을 이제야 고백합니다. 사람의 도움 없이 홀로 걸어야 했던 그 길에서 인내를 배우게 하시고, 인내 속에 숨겨진 주님의 깊은 뜻과 보이지 않는 손길을 조금씩 깨닫게 하심에 감사를 드립니다. 제가 견디는 동안에도 주님은 이미 앞서 계셨고, 제 눈에는 보이지 않아도 제 발걸음을 넘어뜨리지 않도록 붙잡고 계셨음을 믿습니다.

주님, 이제는 어떤 자리에서도 주님의 신실하심을 잊지 않게 하시고, 상황이 아니라 성품으로 일하시는 하나님을 끝까지 신뢰하게 하소서. 앞으로의 길도 제 힘이 아니라 주님이 주시는 믿음으로 걸어가게 하시며, 그 길에서 또 다른 열매를 맺게 하옵소서. 아멘.

Day 14
기다림 속에서도 공급하시는 하나님

40일의 여정 가운데 14일 째 날을 맞으며 나는 기다림의 깊이에 대해 다시 묵상하게 되었다. 기다림의 시간이 길어질수록 생활은 점점 더 버거워지고, 마음에는 조용한 근심이 드리워지기 마련이다.

할 수 있는 일은 다 했지만 열매가 보이지 않을 때, 하루하루의 삶이 무겁게 느껴질 때, 사람의 손길은 멀어지고 현실의 무게는 더 가까이 다가올 때, 그때 기다림은 단순한 시간이 아니라 영혼이 견뎌야 하는 영적 훈련이 된다. 그러나 그 고된 시간 속에서도 내 마음을 붙잡아 주는 한 가지 위안이 있었다. 바로 2005년, 하나님께서 은혜로 세워 주신 해븐출판사를 통해 여전히 작은 일거리가 이어지고 있다는 사실이었다. 큰 수입은 아니었지만, 마치 광야에서 내리는 만나처럼 꼭 필요한 때에 맞추어 주시는 하나님의 섬세한 공급이었다.

해븐출판사는 처음 시작할 때부터 기도 위에 세워진 작은 출판사였다. 그때는 모든 것이 낯설고 부족했지만 하나님께서 보내주시는 원고와 작업으로 출판이 이어졌고, 그 은혜의 흐름은 지금까지도 끊어지지 않았다. 문암출판사를 새롭게 개설하며 현실적인 어려움이 더해졌을 때에도, 하나님은 오래전에 세워 두신 해븐출판사를 통해 여전히 나의 삶을 붙들어 주셨다.

때로는 "이 작은 일로 무엇을 할 수 있을까?"라는 생각이 스쳐 갔지만, 돌아보면 그 작은 일들이야말로 하나님께서 나를 버리지 않으셨다는 표징이었음을 깨닫게 된다. 하나님은 큰 문을 여실 때도 있지만, 많은 경우 작은 틈으로 숨결을 흘려보내시듯 조용하고 부드럽게 공급하시는 분이다. 오늘 나는 그 공급의 은혜가 결코 당연한 것이 아님을 다시 고백한다.

기다림의 시간이 길어질수록 인간적인 불안은 커지지만, 동시에 하나님의 신실하심은 더 선명하게 드러난다. 나는 생활의 무게 앞에 흔들릴 때마다, 해븐출판사를 통해 보내주신 작은 일거리를 바라보며 하나님께서 지금도 나의 삶을 돌보고 계심을 확인하게 된다.

이 은혜는 내가 원해서 시작된 것이 아니라, 하나님께서 먼저 세우신 기도의 열매이며, 하나님께서 잊지 않고 붙들어 주시는 언약의 흔적이다. 오늘의 묵상을 통해 나는 다시 확신한다. 기다림의 길이 길어질수록 하나님은 더 깊은 방식으로 일하신다는 것을, 사람의 도움은 멀어질지라도 하나님의 손길은 결코 멀어지지 않는다는 것을, 그리고 내가 예상하지 못한 시간과 방식으로 공급하시는 하나님의 신실함이 내 삶을 지탱하고 있다는 것을 말이다.

14일째 날의 기도 앞에서 조용히 고백한다. "주님, 길어진 기다림 속에서도 저를 붙들어 주시는 은혜에 감사합니다. 작지만 분명한 공급으로 제 삶을 책임지시는 주님의 손길을 잊지 않겠습니다." 기다림은 나를 지치게 했지만, 그 기다림 속에서 발견한 하나님의 신실하심은 오늘도 다시 일으키는 힘이 된다. 광야 같은 시간 속에서도 만나를 내려 주시는 하나님을 신뢰하며, 나는 오늘도 기도의 길을 계속 걷기로 마음을 다잡는다.

✟ 기도

주님, 길어진 기다림 속에서도 제 삶을 공급하시는 당신의 신실하심에 감사드립니다. 부족한 가운데서도 필요한 것을 채워 주시고, 작은 일로 제 삶을 지탱해 주시는 주님의 은혜를 잊지 않게 하소서. 기다림의 기간이 믿음으로 더 깊어지는 시간이 되게 하시고, 모든 순간에 함께하시는 하나님의 손길을 더욱 신뢰하게 하소서. 아멘.

Day 15

기도 속에서 이어진 또 하나의 놀라운 연결

40일의 여정 가운데 15일째 날을 맞이하자 하나님께서는 또 한 번의 놀라운 응답을 허락하셨다. 응답받는 기도가 절반을 향해 나아가던 그 시점, 전혀 예상하지 못했던 새로운 인연이 찾아온 것이다.

첫 번째로 원고를 보내왔던 작가가 자신의 지인을 소개해 주었고, 이 만남이 결코 우연이 아니라 하나님의 또 다른 인도하심임을 직감적으로 느낄 수 있었다. 소개받은 분은 그녀가 "친언니처럼 따르는 분이며, 신앙이 깊은 크리스천"이라고 설명한 분이었다. 그리고 실제로 그분이 보내준 원고를 펼쳐 읽는 순간, 나는 깊은 이야기 속으로 단숨에 빨려 들어갔다. 글에는 단단한 삶의 결, 담담한 고백의 힘, 오랫동안 마음을 품고 글로 표현해 온 이의 영혼의 향기가 묻어 있었다.

그분의 첫 번째 책 제목은 〈무쇠꽃〉이었다. 삶의 무게에 굴하지 않고, 차가운 현실 속에서도 자기만의 꽃을 피워내는 사람의 이야기가 글 곳곳에 살아 있었다. 한 문장 한 문장마다 꺾이지 않는 생명력과 믿음의 뿌리가 느껴졌고, 나는 이 글이 단순한 원고를 넘어 하나님의 위로와 회복을 담아낼 작품이 될 수 있음을 직감했다.

이어서 두 번째로 보내온 원고의 제목은 〈쉿, 기억은 여기 없어요〉였다. 제목만 보아도 마음 깊은 곳의 상처를 조용히 어루만지는 듯한 울림이 있었다. 그 글을 읽으며 나는 하나님께서 왜 이분을 내 앞에 보내셨는지, 왜 이 만남이 지금의 시기에 주어진 응답인지 명확하게 깨닫기 시작했다. 응답은 때로는 사람의 손을 통해, 글의 흐름을 통해, 마음의 울림을 통해 찾아온다는 것이다.

이 모든 과정을 바라보며 기도의 힘을 다시 깊이 체험하게 되었다. 기도는 단지 하늘을 향한 말이 아니라 하나님께서 사람을 보내시고, 마음을 움직이시고, 길을 열어 가시는 실제적인 역사의 통로였다. 15일 동안 드린 기도는 어느 한순간도 헛되지 않았고, 하나님은 그 기도의 시간 속에서 차곡차곡 응답의 조각들을 이어 붙이고 계셨다.

처음의 작은 인연이 또 다른 인연을 부르고, 한 권의 원고가 또 다른 작품을 이끌어 오며, 결국 내 삶과 사명 속에서 하나님의 계획이 펼쳐지고 있다는 사실이 너무도 분명하게 드러났다. 나는 지금 그 하나의 장면을 목도하고 있다. "주님, 당신은 기도하는 자의 삶에 정확한 방식으로 응답하시는 분이십니다."

15일째 날의 묵상 속에서 이렇게 고백하게 된다. 처음의 인연은 우연처럼 보였으나 사실은 하나님의 철저한 계획이었고, 이어진 소개 또한 하나님의 세밀한 연결이었다. 하나님은 기도하는 자의 삶 속에서 사람을 보내시고, 글을 통해 마음을 열게 하시며, 여러 조각난 사건들을 하나의 그림으로 완성해 가신다.

오늘의 응답은 어쩌면 시작에 불과할지 모른다. 그러나 그 시작 속에서 하나님께서 이미 일하고 계심을 보았고, 그 일하심 속에서 내 사명이 더 깊어지고 있음을 느낀다. 15일째 날, 다시 다짐한다. "주님, 보내시는 인연을 귀하게 여기게 하시고, 맡기시는 일을 성실히 감당하게 하소서."

✟ 기도

주님, 기도 가운데 또 한 번 새로운 인연을 허락하신 은혜에 감사드립니다. 사람을 보내시고, 글을 통해 제 마음을 움직이시며, 응답의 길을 이어 가시는 주님의 세밀하심을 찬양합니다. 이 만남 속에서 하나님의 뜻을 분별하게 하시고, 맡겨진 사명을 더욱 성실히 감당하게 하소서. 앞으로의 여정 속에서도 주님의 인도하심을 신뢰하며 걸어가게 하옵소서. 아멘.

Day 16
✝ 예비하신 다음 걸음이 조용히 열리다

40일의 여정 가운데 16일째 날을 맞으며 하나님께서 '사람을 통해 응답하신다'는 진리를 다시 깊이 묵상하게 되었다. 15일 동안 보내주셨던 두 작가의 만남은 단지 출판의 흐름을 위한 연결이 아니라 하나님께서 나의 사역을 다시 세우고 확장시키기 위해 준비하신 은혜의 통로였다.

그리고 16일째 되는 오늘, 하나님께서 또 다른 조용한 변화를 내 앞에 두고 계심을 느끼게 되었다. 기도 속에서 주시는 이상한 평안, 설명할 수 없는 기대, 그리고 아직 보이지 않는 길을 향해 마음을 부드럽게 이끄시는 주님의 손길 …. 그것은 마치 내게 "계속 걸어라. 내가 다음 장을 준비하고 있다"라고 말씀하시는 듯한 영적 미세한 흐름이었다.

기도의 시간을 이어가던 중 하나님께서 이미 첫 번째 작가와 두 번째 작가를 통해 보여주신 '응답의 패턴'을 다시 떠올렸다. 처음에는 작은 물결처럼 시작되었지만, 그 물결은 점점 커져 또 다른 인연을 불러왔고, 그 인연은 다시 새로운 사역의 문으로 이어졌다. 하나님은 늘 그렇게 일하셨다. 크고 요란한 방식이 아니라 조용하고 세밀한 길을 따라 나를 이끄시며, 한 걸음씩 다음 단계로 옮겨 놓으셨다. 기도하면서 문득 마음에 떠오른 것은 "하나님은 지금도 계속 연결하고 계시다"는 확신이었다. 사람의 계획은 늘 한계와 막다른 길을 만나지만, 하나님의 계획은 언제나 새로운 연결, 새로운 길, 새로운 계절을 준비해 둔다.

돌아보면 선교단체에서의 30년, 문암출판사를 향한 헌신, 문이 쉽게 열리지 않던 고요한 시간들, 그리고 최근에 보내주신 두 작가의 만남까지 이 모든 것이 하나의 흐름이었다. 사람은 종종 각 사건을 따로 보지만 하나님은 모든 사건을 하나로 엮어 하나의 그림을 완성해 가신다. 지금 그 그림의 일부가 드러나는 순간을 보고 있다. 16일째 되는 날, 하나님은 다시 내게 말씀하시는 듯했다. "너는 너의 자리를 지키고 나의 일을 하겠다." 그 말씀이 내 마음을 깊은 평안으로 덮었다. 내가 해야 할 일은 기도하며 성실히 기다리는 일, 그리고 하나님께서 여시는 길을 놓치지 않도록 내 영혼을 깨어 있게 하는 일이었다.

오늘의 묵상 가운데 나는 한 가지 사실을 더 깊이 깨닫는다. 응답은 항상 '사람'을 통해 오지만, 그 배후에서 일하시는 분은 반드시 하나님이시라는 것, 소개해 준 사람도, 글을 쓴 사람도, 기도 속에서 마음을 움직인 것도 모두 하나님의 손길이었다. 그래서 오늘도 하나님께서 또 다른 만남, 또 다른 사역, 또 다른 페이지를 준비하고 계심을 믿는다. 그 믿음이 있기에 나는 조급함 없이 이 길을 걸어갈 수 있고, 기대함으로 다음 날을 맞이할 수 있으며, 두려움 없이 남은 여정을 계속 이어갈 수 있다. 16일째 날, 나는 다시 결심한다. "주님, 당신이 여시는 길이라면 어디든 기꺼이 걸어가겠습니다."

✝ 기도

주님, 오늘도 제 앞에 조용히 새로운 길을 준비하시는 은혜에 감사드립니다. 만남을 통해 일하시는 하나님의 방식이 제 마음을 다시 일으키고, 앞으로의 걸음을 기대하게 합니다. 제가 조급해하지 않게 하시고, 성령의 인도하심을 민감하게 분별하며 걸어가게 하소서. 하나님께서 준비하시는 다음 걸음을 신뢰하며 순종으로 나아가게 하옵소서. 아멘.

Day 17
다시 배우는 은혜와 연합의 기쁨

40일의 여정 가운데 17일째 날을 맞으며, 요즘 매주 토요일마다 이어지고 있는 소중한 시간을 떠올리게 되었다. 어머니를 찾아뵙고 두 동생들과 함께 모닝커피를 마시며 삶의 이야기를 주고받는 그 시간은, 나의 일주일 가운데 가장 따뜻하고 평안한 은혜의 자리다. 바쁜 삶 속에서도 일부러 시간을 맞춰 모여 서로의 일상을 공유하고, 격려하고, 마음을 나누는 이 작은 모임은 우리 형제에게 하나님의 선물과도 같은 시간이다. 서로 살아온 이야기를 꺼내 놓다 보면 가족이라는 울타리가 주는 깊은 안정과 위로를 다시금 느끼게 된다.

동생들 또한 각자의 자리에서 묵묵히 걸어가는 삶이 있다. 한 동생은 IT 분야에서 개인 사업을 하고 있다 보니 늘 새로운 기술과 흐름을 연구하며 나에게도 "형이 하는 일에 이런 기술을 접목해 보면 어떻겠냐"고 조언을 해 준다. 그의 말 속에는 형을 향한 애정과 함께 내가 보다 넓은 영역에서 사역을 펼쳐 가기를 바라는 마음이 담겨 있다.

또 다른 동생은 목회자의 길을 걷고 있다. 목회 현장에서 만나는 성도들의 이야기, 문서 선교의 필요와 특성, 교회 사역 속에서 느끼는 은혜와 어려움 등을 함께 나누며 서로의 사역을 깊이 이해하는 시간을 가진다. 그 동생은 글 재능이 뛰어나 때로는 나의 원고를 읽고 섬세한 조언을 덧붙여 주기도 한다. 그렇게 우리는 서로의 삶과 사역을 격려하며, 매주 한 번씩 마음을 함께 모은다.

올해 94세이신 어머니는 그런 우리 형제의 연합을 보며 조용히 기뻐하시고, 늘 기도로 축복해 주신다. 어머니 또한 젊은 시절 십수 년 동안 교회에서 전도사로 헌신하셨던 분이기에 자녀들이 믿음 안에서 연합하는 모습을 보는 것만으로도 큰 위로와 감사가 되신다.

우리는 어머니 앞에서 서로의 이야기를 나누며 어머니의 신앙과 기도의 유산이 지금 우리 안에서 흘러가고 있다는 사실을 잊지 않는다. 형제간의 우애는 시간이 지날수록 더 깊어지고, 어머니의 기도는 그 우애를 더욱 굳건하게 묶어 준다. 나는 이 모든 흐름이 단순한 가족의 의무가 아니라 하나님께서 허락하신 은혜의 통로임을 오늘의 묵상 속에서 다시 깨닫는다.

17일째 날의 기도 자리에서 조용히 고백한다. 가정은 하나님께서 처음 주신 공동체이며, 그 안에서 우리는 사랑을 배우고 용서를 배우며 신앙을 전수받는다. 형제와 함께하는 작은 아침 모임 속에도 하나님의 손길이 있었고, 그 시간을 통해 나는 다시 힘을 얻고 사역의 방향을 새롭게 다잡을 수 있었다.

어머니의 기도는 여전히 우리를 지켜 주며, 그 기도는 세월의 무게 속에서도 변하지 않는 하나님의 사랑을 떠올리게 한다. 오늘 이 귀한 가정의 은혜를 마음 깊이 감사하며, 남은 여정 속에서도 이 사랑이 계속 흘러가기를 바라며 기도의 손을 모은다.

✞ 기도

주님, 가정 안에서 다시 배우게 하신 사랑과 연합의 은혜에 감사드립니다. 형제와 함께 나누는 작은 시간 속에서도 주님의 위로와 지혜를 느끼게 하시니 감사합니다. 어머니의 기도를 통해 우리 가정이 여전히 믿음 안에 서 있음을 고백합니다. 이 가정의 은혜가 앞으로도 계속 흘러가게 하시고, 제가 그 은혜를 기억하며 더욱 성실히 주님의 길을 걷게 하소서. 아멘.

Day 18
예기치 못한 은혜의 열매

40일의 여정 가운데 18일째 날을 맞으며 최근에 경험한 놀라운 일을 다시 떠올리게 되었다. 두 작가의 책을 제작해 서점에 선을 보인 지 그리 오래되지 않았을 때, 전혀 생각하지도 못했던 일이 조용히 그러나 분명하게 일어났다.

두 번째로 출간된 책, 〈쉿, 기억은 여기 없어요〉가 발행된 지 불과 10일 만에 2판을 발행하게 된 것이다. 출판을 오래 해 본 자라면 알겠지만 베스트셀러라고 불리는 책들조차도 열흘 만에 2쇄를 발행하는 일은 쉽지 않다. 그런데 하나님께서 이 작은 출판사에 이 연약한 종에게 형용할 수 없는 기적과 같은 경험을 허락하신 것이다.

책을 만드는 사람으로서 2쇄 결정이 내려오는 순간의 벅찬 감격은 말로 다 설명할 수 없다. 그러나 이번에는 단순한 감격 이상의 무언가가 마음을 강하게 치고 지나갔다. 마치 하나님께서 "너도 이런 기쁨이 어떤 것인지 잠시 맛보아라" 하고 조용히 일깨우시는 듯한 느낌이었다. 지난 시간 동안 아무도 원고를 가져오지 않던 적막한 시간, 도움의 손길 하나 없이 인내하며 버텨야 했던 외로운 시간, 묵묵히 편집하고 기도했던 시간들이 한순간에 스쳐 지나갔다. 그리고 그 모든 시간이 결코 헛되지 않았음을 하나님께서 직접 보여 주신 듯했다. 이것은 단지 출판의 성공이 아니라, 하나님이 함께하시고 일하고 계시다는 분명한 표징이었다.

10일 만에 2쇄를 발행한다는 것은 빠른 속도로 독자들이 반응하고 있다는 뜻이다. 내용이 그들의 마음을 움직였고, 그 움직임이 누군가에게 또 전달되었고, 그 전달이 다시 책의 흐름을 만들어 냈다는 뜻이다. 이 모든 과정 속에서 단지 편집자나 출판인의 역할을 넘어 하나님께서 마음을 움직이시고 사람을 보내시고 길을 열어 가시는 섬세한 손길을 보았다. 이 현상을 바라보며 다시금 확신할 수 있었다. "이 일은 내 실력이나 내 능력으로 된 것이 아니라, 철저히 하나님께서 허락하신 은혜의 열매이다."

18일째 날의 기도 앞에서 감사 외에는 드릴 말씀이 없었다. 하나님께서는 사람의 기대와 계산을 넘어서는 방식으로 응답하셨고, 하나님의 시간표는 언제나 완벽하게 맞아떨어졌다. 내가 기도하며 버텼던 시간만큼 하나님은 그 시간을 은혜로 채워 주셨다. 빠르게 판매되는 책을 바라보며 기뻐하는 내 마음 속에서 하나님은 이렇게 말씀하시는 듯했다. "내가 너를 보고 있다. 너의 눈물과 인내를 내가 기억하고 있다. 이제는 기쁨의 열매도 맛보아라." 이 음성은 내 영혼을 깊은 감사로 적셨고, 다시 한번 하나님 앞에서 무릎을 꿇게 했다.

✝ 기도

　주님, 예상하지 못한 은혜의 열매를 경험하게 하신 것에 감사드립니다. 10일 만에 2판을 발행하게 하신 이 기적 같은 응답 속에서 하나님의 살아계심과 신실하심을 다시 확인합니다. 저의 수고를 기억하시고, 인내의 시간 위에 기쁨을 더해 주신 주님을 찬양합니다. 앞으로의 모든 책과 사역이 사람의 힘이 아니라 하나님의 은혜로 이루어지게 하소서. 이 기쁨 속에서도 더욱 겸손히, 더욱 감사하며 주님의 길을 걸어가게 하옵소서. 아멘.

Day 19
하나님이 이어가시는 응답의 흐름

 40일의 여정 가운데 19일째 날을 맞으며 하나님께서 응답의 물줄기를 계속 이어가고 계심을 깊이 느낀다. 열흘 만에 재판을 맞이하는 기적 같은 일을 경험한 지 얼마 지나지 않아 또 한 번 예상하지 못했던 연락이 찾아왔다. 바로 그 작가가 두 번째 책이며 그의 첫 번째 수필집을 만들어 달라는 요청을 보내온 것이다.

 그 제목은 〈바람의 서곡〉이다. 제목만 들어도 마음 어딘가에 조용한 떨림이 이는 작품이었다. 바람이 지나가며 남기는 흔적처럼, 사람의 마음에도 세월과 경험이 남긴 깊은 울림이 있다는 뜻을 담은 제목 같았다. 순간, 하나님께서 또 다른 길을 열어 주셨다는 확신이 마음속에서 일어났다.

 사실 출판이라는 일이 단순히 책을 만드는 기술적 과정만은 아니다. 한 사람의 삶이 응축된 원고를 받아들이고 그것을 가장 아름답고 진실한 모습으로 세상 앞에 세우는 과정은 마치 영혼을 만지는 일과도 같다. 그래서 새로운 책을 맡는다는 것은 단순한 요청 그 이상이며, 하나님의 또 다른 뜻을 읽어야 하는 순간이기도 하다.

〈바람의 서곡〉이라는 제목이 전해 주는 묵직한 울림 속에서, 나는 작가가 하나님 앞에서 겪어 온 시간과 감정, 그리고 앞으로 열어 갈 사명의 조각들을 보게 되었다. 이 수필집은 단순한 글의 모음이 아니라, 하나님이 그녀의 삶에 불어오신 바람의 첫 장(章)이었다.

그리고 나는 이 요청이 단순히 '책을 만들어 달라'는 부탁이 아니라 하나님께서 나에게 맡기신 사명이 더 깊어지고 있다는 신호임을 이해하게 되었다. 한 작가가 첫 책으로 인해 은혜와 반응을 경험할 때, 다시 두 번째 책을 맡긴다는 것은 신뢰의 증거이자 사역의 확장이다.

그 신뢰의 흐름 뒤에는 언제나 하나님의 손길이 있었다. 사람끼리의 우연한 연결처럼 보이지만, 기도 속에서 이뤄진 연결은 결코 우연이 아니다. 지금 그 연결의 연속성을 생생하게 경험하고 있다. 하나님은 응답을 한 번 주시고 멈추시는 분이 아니라, 계속 이어 주시고, 계속 확장시키시고, 계속 풍성하게 하시는 분이다.

19일째 날의 묵상 속에서 한 가지 분명한 진리를 다시 고백한다. 하나님의 응답은 한 번의 사건으로 끝나지 않는다. 마치 악보의 첫 음이 다음 음을 부르고, 바람의 시작이 또 다른 바람을 이끌어내듯, 하나님의 역사는 이어지고 또 이어진다. 〈바람의 서곡〉이라는 제목처럼, 지금 내 앞에 일어난 이 일들도 하나님께서 새롭게 펼치시는 이야기의 서곡일 뿐이다. 내가 할 일은 그 흐름 속에 머물며 성실히, 기도하며, 감사함으로 순종하는 것뿐이다.

✞ 기도

주님, 새로운 책의 요청을 통해 또 한 번 응답의 흐름을 이어 주신 은혜에 감사드립니다. 단순한 일이 아니라 하나님께서 허락하신 사명의 확장임을 깨닫습니다. 맡겨진 원고 속에서 하나님의 뜻을 분별하게 하시고, 이 책 또한 누군가의 삶을 위로하고 세우는 도구가 되게 하소서. 오늘도 이어지는 응답 속에서 주님의 신실하심을 찬양합니다. 아멘.

Day 20
✝ 어머니의 기도가 살아 움직이다

40일의 여정 가운데 20일째 날을 맞으며, 숨 가쁘게 흘러간 지난 시간을 조용히 돌아보았다. 두 작가의 책을 잇달아 제작하고, 서점에 선을 보이고, 예상치 못한 2판의 소식까지 들려오면서 마음은 바쁘게 움직였지만 그 모든 일은 결코 우연이 아니었다. 정신없이 지나가는 날들 속에서도 하나님께서는 분명한 흐름을 따라 일하고 계셨고, 그 흐름 속에서 그저 순종하며 한 걸음씩 걸어왔을 뿐이었다.

그러던 중 이 일련의 이야기를 어머니와 두 동생들에게 전해드렸더니 어머니께서는 조용히 미소를 지으며 이렇게 말씀하셨다. "이건 하나님의 응답이야. 내가 너를 위해 하루에도 몇 번씩 기도하는데, 그 기도에 하나님이 응답하신 거야."라고 하신다.

어머니의 그 한마디는 내 마음을 깊게 울렸다. 어머니는 올해 아흔넷의 연세에도 여전히 자녀들을 위해 기도의 끈을 놓지 않으시는 분이다. 새벽에도, 식사 자리에서도, 잠들기 전에도 자녀의 이름을 하나하나 불러가며 하나님께 올려드리는 그 기도는 평생 변함없는 사랑의 증거였다. 어머니의 기도가 단순한 어머니의 마음이 아니라 하나님 앞에서 향기가 되어 올라가는 믿음의 사역임을 너무도 잘 알고 있었다. 그런 어머니가 "이 모든 일이 기도의 응답이다"라고 말씀하실 때, 내 마음은 설명할 수 없는 확신으로 가득 채워졌다.

그리고 문득 깨달았다. 이것은 단지 어머니의 기도 응답뿐만 아니라, 응답받는 기도에서 드렸던 40일 기도의 응답이기도 하다는 사실, 내가 기도하며 올려드렸던 작은 고백들, 인내하며 드렸던 간구들, 사명을 놓고 드렸던 간절함이 모두 하나님의 손에 담겨 있었고, 하나님은 그 기도들을 연결하여 응답의 형태로 돌려주고 계셨던 것이다.

어머니의 기도와 나의 기도가 서로 다른 곳에서 드려졌지만, 하늘에서는 하나의 흐름으로 합쳐져 하나님의 응답이라는 결실을 맺고 있었다. 이 깨달음은 나에게 깊은 위로이자 새로운 힘이 되었다.

20일째 날의 묵상 가운데 나는 다시 한 번 겸손히 고백하게 된다. "기도는 헛되지 않는다." 보이지 않는 곳에서 드려지는 기도는 반드시 하나님의 때에, 하나님의 방식으로, 하나님의 길을 따라 응답된다. 어머니의 평생의 기도와 지금 내가 드리는 기도가 서로 닿아, 하나님께서 응답의 문을 열어 가시는 이 장면을 목도할 수 있다는 것 자체가 은혜였다. 하나님은 언제나 기도하는 자의 삶을 기억하시고, 그 기도를 통해 길을 여시고, 응답으로 이끄시는 분이다. 오늘 그 사실 앞에서 다시 무릎을 꿇으며 감사의 마음을 드린다.

✝ 기도

주님, 어머니의 기도와 저의 기도가 함께 하늘에 닿아 응답으로 이어진 이 은혜에 감사드립니다. 기도의 힘을 다시 깨닫게 하시고, 기도가 결코 헛되지 않음을 보여 주신 주님을 찬양합니다. 앞으로도 기도의 자리에서 흔들리지 않게 하시고, 하나님의 때를 신뢰하며 묵묵히 걸어가게 하소서. 아멘.

part 3

응답받는 기도 30일의 여정

Day 21 _여정의 중반 마음을 가다듬다
22 _하나님의 세밀하심을 보다
3 _글로 묵상하게 하시는 하나님의 부르심
24 _기록의 순종 속에서 열리는 회복의 은혜
25 _기록의 여정 속에서 발견되는 두 번째 부르심
2 _글 속에 새겨진 한의 세월 앞에서
27 _다시 용기를 내어 시를 꺼내다
28 _후반부를 향해 걸어가며
29 _은혜가 익숙해질 때
30 _다시 떠오르는 영성훈련의 기억

Day 21
여정의 중반 마음을 가다듬다

 40일 기도 여정이 절반을 넘어서 21일째 날을 맞이하자, 자연스럽게 지금까지 걸어온 길을 되돌아보게 되었다. 기도의 불씨가 처음 타오르던 때와는 달리 중반부에 이르면 기도는 때때로 익숙해지고, 마음은 조용히 무뎌지는 순간을 만나기도 한다.

 그러나 바로 이 지점이야말로 영혼이 한 번 더 깊어져야 할 때이며, 기도의 방향을 다시 점검해야 할 자리임을 오늘의 묵상 가운데 깊이 깨닫게 되었다. 20일 동안 참 많은 일들이 일어났고, 예상하지 못했던 응답들이 쏟아졌으며, 하나님께서 일하시는 방식은 늘 놀라웠다. 그러나 나는 문득 이런 질문을 자신에게 던졌다. "나는 지금 이 모든 은혜 속에서도 처음의 마음을 잃지 않고 있는가?"

 기도의 여정에서 은혜가 쏟아질 때, 오히려 더 조심해야 한다는 것을 오래전부터 알고 있었다. 응답이 이어지면 감사가 커지기도 하지만, 동시에 익숙함 속에서 마음이 풀어질 위험도 있다. 21일째 날의 새벽, 이 사실을 가슴 깊이 느끼며 하나님 앞에 조용히 나아갔다. 그리고 지난 시간 동안의 응답들과 기적 같은 사건들에 마음이 기울어져 있었음에도 불구하고, 정작 하나님 자신을 더 깊이 바라보는 일에는 소홀함이 있었음을 솔직히 고백하게 되었다. 기도의 목적은 응답 자체가 아니라, 하나님께 더 가까이 가는 것이었음을 다시 확인하는 순간이었다.

오늘의 기도 속에서 하나님은 내 마음을 아주 부드럽게 만지시는 듯했다. 응답은 은혜이지만, 응답이 기도의 목적이 되어서는 안 된다. 하나님께서 원하시는 것은 내 마음이 흔들림 없이 그분께 머무는 것이며, 어떤 상황에서도 하나님을 향한 믿음이 중심을 잃지 않는 것이다.

그래서 오늘, 다시 처음의 자리로 돌아가기로 결심했다. 기도하기로 작정했던 첫날의 떨림, 하나님께 뜻을 구하며 올려드렸던 순전한 마음, 아무것도 보이지 않지만 하나님만 바라보며 드렸던 고백을 다시 마음에 새기기로 했다.

20일째 날의 묵상을 마치며 한 가지 진리를 더욱 분명하게 붙든다. 응답이 많았던 날도, 응답이 보이지 않는 날도, 기도의 성패는 '은혜의 양'이 아니라 '마음의 방향'에 달려 있다는 것, 기도의 중반부는 마치 등산의 중턱과 같다. 이미 많이 왔다고 느끼는 순간이지만 부분적으로 지치고, 방향을 잃기 쉬운 자리이기도 하다. 그러나 이 지점을 잘 넘어가면 산의 정상에 오르게 되듯, 기도의 40일 여정에서도 지금이야말로 다시 마음을 가다

듣고 하나님을 더 깊이 신뢰해야 할 때임을 깨닫는다. 오늘 나는 하나님께 다시 고백한다. "주님, 응답 때문에 기도하는 사람이 아니라 하나님 때문에 기도하는 사람이 되게 하소서."

✝ 기도

주님, 40일 여정의 중반에 선 오늘, 제 마음을 다시 살펴보게 하신 은혜에 감사드립니다. 응답이 이어졌던 날들 속에서도 저의 중심이 하나님께 견고히 머물게 하시고, 처음의 마음을 잃지 않게 하소서. 응답보다 하나님 자신을 더 사랑하는 믿음의 사람이 되게 하시며, 남은 20일의 길도 신실하게 걸어가게 하옵소서. 아멘.

Day 22
하나님의 세밀하심을 보다

40일의 여정 가운데 22일째 날을 맞이한 오늘은 특별한 사건도, 큰 응답도 없이 조용히 흘러가는 하루였다. 분주했던 지난 날들과 달리 오늘은 마음이 조금 느슨해지는 것 같기도 하고, 기도의 열기가 잠잠해지는 듯한 순간도 있었다. 그러나 기도는 큰일이 있을 때에만 드리는 것이 아니라, 아무 일이 없어 보이는 일상의 고요 속에서도 이어져야 한다는 것을 오래전부터 배워 왔다.

하나님께서는 우리가 드리는 말과 눈물뿐 아니라, 아무 말 없이 머물러 있는 시간까지도 보고 계시며, 그 조용한 침묵조차 기도로 받으시는 분이시다. 22일째 날 오늘, 나는 그 사실을 다시 떠올리며 하나님 앞에 마음을 가만히 내어놓았다.

기도의 여정에서 가장 어려운 날은 큰 어려움이 있는 날이 아니라, '아무 일도 없는 날'이다. 마음을 흔드는 사건이 없기에 긴장도 풀리고, 기도의 끈도 느슨해지기 쉽다. 그러나 바로 이런 날이야말로 영혼의 긴장을 다시 조율해야 하는 시간이며, 하나님 앞에서 중심을 더 단단하게 세워야 하는 자리임을 나는 오늘의 묵상을 통해 깨닫는다. 겉보기에는 평범하고 조용한 하루였지만, 하나님은 오늘도 기도의 학교로 부르셨고, 작고 미세한 마음의 움직임까지도 세심하게 살피고 계셨다. 조용한 날에도 하나님은 일하고 계셨고, 내 영혼을 깊게 하시는 또 다른 방식으로 다가오고 계셨다.

오늘의 고요 속에서 지난 20일 동안 이어진 응답의 흐름을 다시 떠올려 보았다. 기적 같은 재판의 소식, 두 작가의 만남, 새로운 책의 요청들, 그리고 어머니의 기도로 이어진 응답들 …. 분주하고 놀라웠던 날들이 지나고 나니 마치 하나님께서 오늘은 나에게 조용히 숨을 고르라고 하시는 듯했다. 응답의 날이 지나면 반드시 오는 고요의 날이 있다.

그러나 그 고요함은 멈춤이 아니라, 다음 응답을 준비하는 하나님만의 리듬이다. 오늘 나는 그 리듬을 느끼며 조용히 마음을 가다듬었다. "주님, 오늘도 당신이 일하고 계심을 믿습니다."

22일째 날의 영적 깨달음은 분명하다. 하나님은 큰 응답 가운데서만 역사하시는 분이 아니라 아무 변화가 없어 보이는 잔잔한 하루 속에서도 한 걸음씩 우리를 빚어 가시는 분이라는 사실이다. 조용한 날을 통해 나의 마음을 점검하게 하시고, 기도의 목적을 다시 기억하게 하시는 하나님을 오늘 나는 더 깊이 신뢰하게 된다. 응답이 넘치던 날과 달리 조용했던 오늘 하루는 내 영혼이 하나님 앞에서 다시 호흡을 맞추는 시간이었다. 기도는 뜨거움만이 아니라 조용한 성실함으로 이어져야 한다는 것을 나는 오늘 다시 배웠다.

✟ 기도

주님, 특별한 일이 없는 고요한 하루 속에서도 저의 마음을 붙들어 주시는 은혜에 감사드립니다. 큰 응답이 있을 때뿐 아니라, 조용한 날에도 하나님께서 일하고 계심을 믿습니다. 기도의 끈을 놓지 않게 하시고, 침묵 속에서도 하나님을 더 깊이 바라보는 영혼이 되게 하소서. 아멘.

Day 23
글로 묵상하게 하시는 하나님의 부르심

40일의 여정 가운데 23일째 날을 맞으며, 오늘 묵상 중에 아주 세미한 하나님의 음성을 듣는 듯한 깊은 울림을 경험했다. 오랜 시간, 다른 이들의 글을 다듬고 책을 만들며 살아왔지만 정작 내 삶의 이야기를 글로 풀어내고자 한 적은 거의 없었다. 그러나 오늘, 기도하는 가운데 하나님께서는 조용히 내 마음에 이런 감동을 주셨다.

처음에는 선뜻 순종하기가 어려웠다. "주님, 제가 무엇이라고 제 이야기를 글로 쓸 수 있겠습니까?"라는 마음이 들었다. 그러나 그 질문 속에서도 하나님은 계속해서 마음을 어루만지셨다. 어린 시절부터 마음 깊이 쌓여 있는 상처들, 말하지 못했던 기억들, 시간이 흐르며 묻어 두었던 감정들을 글로 꺼내 놓으라는 부르심이었다.

조심스럽게 노트북을 열고, 머릿속에 흩어져 있던 기억의 조각들을 아무 생각 없이 단어처럼 써 내려가기 시작했다. 처음엔 어색했고, 오래된 마음의 서랍을 여는 듯 조심스러웠다. 그런데 문득 수십 년 동안 분주한 삶 속에서도 틈틈이 메모해 두었던 노트와 일기들이 떠올랐다. 그 노트들은 늘 책장 한쪽에 놓여 있었지만, 한 번도 제대로 펼쳐보지 못한 채 세월의 먼지를 뒤집어쓰고 있었다. 천천히 그 노트들을 꺼내 겉장을 닦고, 조용히 첫 장을 넘겼다. 그리고 그곳에서 나는 잊고 지냈던 나의 흔적을 다시 만났다.

특히 군 복무 시절의 기록이 눈에 띄었다. 하루하루 치열했던 시간 속에서도 내가 매일같이 글을 남겼다는 사실이 스스로도 놀라웠다. 힘들고 외로웠던 날들, 마음이 흔들리던 순간들, 하나님께 소리 내어 말할 수 없었던 감정들을 그때의 나는 글로 쓰며 버티고 있었던 것이다. 그 기록을 다시 마주하는 순간, 마치 과거의 나와 현재의 내가 서로 손을 맞잡는 듯한 깊은 감정이 밀려왔다. 그 기록이 오늘 나를 다시 글로 부르셨던 하나님의 이유였음을 깨닫게 되었다.

그렇게 용기를 내어 쓰게 된 첫 번째 수필이 바로 〈시간의 서랍을 열다〉이다. 그 제목처럼 나는 마음속 깊은 서랍 하나를 조용히 열어 과거를 다시 들여다보았다. 묻어 두었던 상처도, 잊으려 했던 시간도, 그 속에서 지켜 주셨던 하나님의 은혜도 함께 떠올랐다.

그리고 깨달았다. 하나님께서는 단지 글을 쓰라고 명하신 것이 아니라 글을 통해 나를 다시 회복의 자리로 부르시고 계셨다는 것을 알게 되었다. 기록은 단순한 글쓰기가 아니라 영혼의 치유였고, 하나님이 주신 감정의 정리였으며, 나의 삶을 새롭게 바라보게 하시는 영적 과정이었다.

✟ 기도

주님, 오늘 제 마음 깊은 서랍을 열게 하신 은혜에 감사드립니다. 잊고 지냈던 상처와 기억들을 글로 풀어내게 하시고, 그 과정 속에서 저 자신을 정직하게 마주 보게 하시며, 감추어 두었던 눈물까지도 주님 앞에서 안전하게 흘릴 수 있도록 도와주소서.

지난 시간을 돌아보며 원망과 후회로 남아 있던 조각들이 은혜의 이야기로 바뀌게 하시고, 상처의 기록이 아니라 치유와 회복의 증언이 되게 하옵소서. 저의 인생을 통해 하신 하나님의 일을 수필 속에 담아내게 하시고, 그 글이 누군가의 지친 마음을 토닥이는 작은 위로와 용기가 되게 하옵소서.

또한 글을 써 내려가는 동안 성령께서 한 줄 한 줄을 인도하여 주셔서, 제 생각이 아니라 주님의 마음이 드러나게 하시고, 먼저 제 영혼이 새 힘을 얻는 시간이 되게 하옵소서. 아멘.

Day 24
기록의 순종 속에서 열리는 회복의 은혜

40일의 여정 가운데 24일째 날을 맞이한 오늘, 어제부터 이어진 글쓰기의 흐름에 다시 마음을 기울였다. 처음 하나님께서 내 삶의 이야기를 수필로 써 보라고 마음에 감동을 주셨을 때는, 그저 이전의 상처를 떠올리고 지나온 시간을 정리하라는 의미 정도로만 생각했다.

그러나 오늘 묵상하는 가운데 글을 쓰는 과정 자체가 하나님께서 내 영혼을 다루시는 깊은 회복의 시간이 되고 있음을 더욱 선명하게 느끼게 되었다. 글이라는 것이 원래 그렇다. 한 문장을 적을 때마다 마음속 깊이 숨겨 둔 감정 하나가 올라오고, 한 단락을 넘길 때마다 오래 묻어 두었던 기억이 서서히 떠오른다. 마치 하나님께서 한 자 한 자를 통해 내 마음의 골방을 정리해 주시는 듯한 은혜가 흘렀다.

어제 첫 번째 수필 〈시간의 서랍을 열다〉를 쓸 때는 과거의 기록을 다시 마주하는 것이 어색하기도 하고 벅차기도 했다. 그러나 오늘은 그 벅참이 어느새 감사로 바뀌고 있음을 느꼈다.

내가 기록한 글이 단지 과거의 회상만이 아니라, 지금의 나를 치유하는 하나님의 손길이 되고 있었기 때문이다. 오래전 군 생활 속에서 고단한 마음을 글로 남겼던 젊은 시절의 나는 지금의 나에게 이렇게 말하는 듯했다. "그때도 하나님이 너를 지켜 주셨고, 지금도 하나님이 너를 이끌고 계신다." 그 깨달음은 말할 수 없는 위로였고, 글쓰기를 멈추지 말아야 한다는 확신이 되었다.

다시 서랍 깊숙이 넣어 두었던 오래된 노트를 펼쳤다. 먼지가 쌓여 있던 기록 속에는 내가 잊고 있었던 많은 기억들과 하나님의 은혜가 차곡차곡 담겨 있었다. 그 당시에는 그저 버티기 위해, 마음을 견디기 위해 적었던 글들이었지만, 지금 보니 그 기록은 하나님께서 내게 남겨 두신 '신앙의 흔적'이었다.

그 흔적을 다시 읽어 내려가다 보니 자연스레 또 다른 수필의 서두가 마음에 스며들었다. 과거에 대한 치유가 지금의 글로 이어지고, 그 글이 또 다른 은혜의 이야기로 태어나는 흐름 그것이 기록의 신비였다. 하나님은 글을 통해 나의 삶을 한 번 더 빚고 계셨다.

24일째 날의 묵상은 나에게 깊은 고백을 남긴다. '기록은 곧 순종이며, 순종은 곧 회복이다.' 글을 쓰는 과정에서 하나님께 내 마음을 드러내고, 기억을 정리하며, 하나님의 은혜를 재해석하는 시간을 가지게 된다. 하나님께서는 기록이라는 통로를 사용하여 내 영혼을 다시 세우고 계셨다. 그리고 오늘 다시 깨닫는다. 하나님은 우리의 글조차도 그분의 손길 안에서 치유의 도구가 되게 하시는 분이라는 것을. 그래서 나는 오늘 조용히 결단한다. 남은 40일의 여정 속에서 글쓰기를 통해 하나님께 더 깊이 나아가겠다고 약속한다.

✝ 기도

주님, 글을 쓰는 과정 속에서 저를 다시 회복시키시고 마음을 정리하게 하시는 은혜에 감사드립니다. 기록을 통해 제 삶을 다시 해석하게 하시고, 그 속에서 하나님의 손길을 보게 하소서. 앞으로의 글 또한 주님의 영광을 드러내는 고백이 되게 하시고, 기록의 순종 속에서 더 깊은 회복을 누리게 하옵소서. 아멘.

Day 25
✝ 기록의 여정 속에서 발견되는 두 번째 부르심

40일의 여정 가운데 25일째 날을 맞이한 오늘, 어제까지 이어졌던 글쓰기의 흐름을 다시 마음에 품고 조용히 하나님 앞에 앉았다. 처음에는 그저 묵상 가운데 떠오른 감동대로 순종하여 내 삶의 한 부분을 수필로 풀어낸 것이 전부였다. 그러나 시간이 지날수록 하나님께서는 글쓰기라는 작은 순종을 통해 내 영혼 깊은 곳에 잠들어 있던 또 하나의 부르심을 깨우고 계셨다.

글은 단순히 이야기를 기록하는 행위가 아니라, 하나님과 마음을 나누는 대화의 통로였고, 오래 묻어 두었던 상처를 어루만지는 치료의 과정이었다. 그리고 오늘 새벽, 마음을 가만히 열었을 때 하나님께서 다시 한 번 조용히 말씀하시는 듯한 확신이 나에게 찾아왔다.

그 음성 같은 감동은 내 마음의 깊은 자리를 울렸다. 하나님 앞에서 다시금 연필을 들며, 지금 이 글쓰기의 시간이 단순한 취미나 회상의 과정이 아니라, 하나님께서 오래 준비해 오셨던 두 번째 사명이라는 사실을 더 분명히 느끼게 되었다. 선교단체에서의 30년을 통해 그리고 출판의 자리에서 수많은 작가의 글을 다듬으며 살아온 지난날들을 통해 하나님은 나를 '글의 사람'으로 빚어오셨다. 그러나 정작 내 이야기, 내 상처, 내 영혼의 움직임을 글로 기록하는 일은 오랫동안 미뤄둔 채 살았다. 오늘의 25일째 묵상은 그 미뤄진 시간을 부드럽게 깨우며 나를 다시 기록의 자리로 이끌었다.

어제 꺼내어 읽었던 군 시절의 기록, 어린 시절의 상처가 묻어난 메모들, 그리고 생업과 사역 속에서 적어두었던 짧은 문장들 …. 그 모든 기록이 마치 하나의 흐름처럼 이어져 나에게 다가왔다. 그 흔적들은 단순한 과거의 조각들이 아니라, 하나님께서 나의 영혼 깊이 남겨 두신 '은혜의 발자국'이었다.

기록을 읽을수록 그 시절의 나와 지금의 내가 서로를 위로하는 것을 느꼈다. "그때도 하나님이 계셨고, 지금도 하나님이 계신다." 이 고백은 글쓰기의 자리를 단순한 작업의 자리가 아니라, 하나님과 영적으로 재회하는 자리로 바꾸어 놓았다.

오늘은 책상 앞에 앉아 두 번째 수필의 초안을 천천히 써 내려갔다. 이번에는 과거의 아픔만이 아니라, 하나님께서 그 아픔 위에 쌓아 올리신 은혜를 함께 기록하고 싶었다. 때로는 기록하다가 마음이 벅차서 멈추고 눈을 감기도 했다. 때로는 오래 묵혀 두었던 감정이 단번에 올라와 펜이 멈추기도 했다.

그러나 이상하게도 그 멈춤마저도 은혜였다. 글을 통해 내 마음은 하나님 앞에서 조금씩 풀어지고 있었고, 그 풀림은 한 구석에서 뭉쳐 있던 상처를 서서히 녹여 주었다. 기록은 나의 영혼을 다시 정리하게 했고, 정리는 회복의 첫걸음이 되었다.

25일째 날의 묵상 속에서 나는 한 가지 중요한 사실을 더욱 확신하게 되었다. 기록은 하나님께 드리는 또 하나의 예배라는 것이다. 말로 드리는 기도가 있다면, 글로 드리는 기도도 있다. 말은 순간이지만, 글은 남는다. 글로 올려드리는 고백은 세월이 흘러도 사라지지 않고, 다시 나를 깨우고, 다시 나를 살리고, 다시 하나님께로 나아가게 한다.

하나님은 그 기록을 사용하여 미래의 나를 위로하시고, 누군가의 영혼에도 또 다른 회복을 전하시려는 계획을 갖고 계실지도 모른다. 그래서 오늘도 다시 고백한다. "주님, 기록은 저의 순종입니다. 계속 쓰겠습니다. 쓰는 모든 순간을 주님께 드리겠습니다."

✝ 기도

주님, 오늘도 제 마음을 글로 열게 하시고, 기록 속에서 회복의 은혜를 경험하게 하심에 감사드립니다. 제가 펜을 드는 이 시간이 또 하나의 예배가 되게 하시고, 쓰여 내려가는 문장마다 주님의 손길과 숨결이 머물게 하소서.

주님, 제 안에 묻어 두었던 상처와 쓰라림도, 잊고 지냈던 기쁨과 감사도, 모두 숨기지 않고 글로 고백하게 하옵소서. 어느 한 줄도 헛되이 흘러가지 않게 하시고, 기록하는 동안 제 삶의 조각들이 주님의 빛 가운데 다시 맞추어지게 하소서. 글을 쓰는 이 시간이 저의 영혼을 정돈하는 시간이 되게 하시고, 흩어졌던 마음이 다시 주님 안에서 하나로 모이게 하옵소서.

  주님, 제가 쓰는 모든 글을 통해 제 마음이 더욱 겸손해지고, 더욱 온유해지며, 더욱 주님을 닮아가게 하옵소서. 그리고 이 기록이 언젠가 누군가에게 작은 위로와 빛이 될 수 있다면, 그 또한 주님께서 이루시는 은혜임을 고백합니다. 오늘도 저를 말씀과 성령으로 새롭게 하시고, 글을 통해 제 인생을 다시 빛으시는 주님을 찬양합니다. 아멘.

Day 26
글 속에 새겨진 한의 세월 앞에서

　응답받는 기도의 여정 가운데 26일째 날을 맞이하며, 나는 최근에 있었던 한 장면을 조용히 떠올리게 되었다. 내 삶의 기록을 담아낸 첫 수필이 책으로 완성되었을 때, 가장 먼저 그 책을 드리고 싶은 사람은 단연 어머니였다. 평생 기도로 자녀들을 품어 오신 어머니에게 내 삶의 조각들이 담긴 책을 올려드리고 싶었다.

　그래서 책이 인쇄되어 내 손에 들어오는 순간, 나는 누구보다 먼저 어머니께로 달려갔다. 어머니의 두 손에 책을 올려드렸을 때, 어머니는 조용히 표지를 쓰다듬으시며 아무 말씀 없이 책장을 넘기셨다. 그 침묵 속에서 나는 깊은 사랑과 긴 세월이 담긴 숨결을 느낄 수 있었다.

　며칠 뒤, 목회하는 동생이 어머니를 만나러 갔다가 돌아와 나에게 조용히 말했다. "형, 어머니 눈가에 이슬이 맺혀 있었어." 그 말 한마디가 내 가슴을 깊이 울렸다. 어머니는 평생 자녀들 앞에서는 강한 모습으로 서 계셨고, 아픔을 티 내지 않는 분이셨다. 그러나 책 속에 담긴 나의 어린 시절, 그 고단했던 객지 생활의 흔적을 읽어 내려가시며 어머니는 잠시 숨겨 두었던 한(恨)의 세월과 마주하셨던 것이다.

내가 어린 나이에 부모 곁을 떠나 객지에서 살아야 했던 시간들, 외롭고 힘들었던 기억들, 말로 표현하지 못했던 감정들이 글로 펼쳐져 있었기에, 어머니의 마음 깊은 곳에서는 오래전부터 눌러 두었던 슬픔이 조용히 올라왔던 것이다.

부모는 자식보다 더 깊이 아픈 법이다. 자식이 겪은 어려움은 시간이 지나면 추억이 되지만, 부모의 마음에는 평생 동안 짙은 그늘처럼 남아 있다. 그래서 어머니의 눈물은 단순한 감정의 표현이 아니라 긴 세월 동안 마음 깊이 눌러 두었던 사랑과 미안함이 한순간에 터져 나온 것이었다.

나는 그 사실을 생각하며 가만히 눈을 감았다. 글은 결국 진실을 드러내는 도구였고, 그 진실이 어머니의 마음까지 건드린 것이다. 동시에 나는 깨달았다. 하나님께서는 이 글을 통해 어머니의 마음도 함께 위로하고 계셨다는 사실을 알게 하셨다.

26일째 날의 묵상 속에서 한 가지 새로운 은혜를 깊이 느끼게 된다. 글은 단지 기록이 아니라 치유이며, 회상은 단순한 추억이 아니라 회복의 시작이다. 내가 쓴 글이 어머니의 눈물을 자극했지만, 그 눈물은 슬픔에서만 나오는 것이 아니라 지나온 시간을 하나님 앞에 드리는 깊은 고백에서 나오는 눈물이기도 했다.

  어머니는 아마도 책 속의 아픈 이야기보다, 그 아픔 속에서도 지켜 주신 하나님의 은혜를 떠올리며 눈물을 흘리셨을 것이다. 그리고 나는 그 눈물이 어머니의 마음에 또 하나의 위로가 되었기를 조심스럽게 바라본다.

  어머니의 눈물을 떠올리며 나는 하나님께 조용히 감사드렸다. 자식을 위해 평생 기도하셨던 어머니의 세월을 하나님께서 기억하신다는 것, 그리고 마침내 그 기도의 열매를 이렇게 눈물의 형태로 돌려주셨다는 것, 그것이 오늘 내 마음에 깊은 확신으로 다가왔다.

  글이 책이 되고, 그 책이 어머니의 마음에 닿아 눈물이 되고, 그 눈물이 다시 감사의 고백으로 이어지는 모든 과정, 이 흐름 자체가 하나님의 섬세한 인도하심이었다. 나는 오늘도 기도 속에서 한 가지를 다시 고백한다. "주님, 제 글을 통해 어머니의 마음을 만져 주심에 감사합니다."

✞ 기도

  주님, 제 글 속에 담긴 작은 이야기로 어머니의 마음을 위로해 주신 은혜에 감사합니다. 평생을 자녀를 위해 흘리셨던 눈물과 기도의 시간들을 기억해 주시고, 그 눈물 속에 담긴 깊은 사랑을 주께서 친히 위로로 갚아 주소서.

주님, 제가 제 삶을 돌아보며 글을 쓰는 이 시간이 단순한 기록이 아니라 주님 앞에서 마음을 정돈하는 시간이 되게 하시고, 한 줄 한 줄마다 하나님의 손길이 머물게 하옵소서.

주님, 제 손에 있는 글이 주님의 손에 들릴 때에만 참된 생명이 있음을 고백합니다. 오늘도 저의 마음과 생각, 기록하는 시간을 주께 맡겨 드리오니 모든 것을 주님의 은혜 가운데 사용하여 주옵소서. 아멘.

Day 27
다시 용기를 내어 시를 꺼내다

27일째 날을 맞이한 오늘, 최근에 있었던 또 하나의 은혜로운 사건을 떠올리며 묵상에 잠겼다. 수필집이 세상에 나온 지 그리 오래 지나지 않은 어느 날, 마음속에서 또 다른 작은 용기가 일어났다. 글로써 나의 삶을 꺼내 보았다면, 이제는 오래전부터 써 내려왔던 시들을 꺼내야 할 때라는 생각이 조용한 감동처럼 스며들었다.

그렇게 다시 한 번 두려움과 설렘을 동시에 품고, 나의 시들을 한 편씩 정리하기 시작했다. 그리고 마침내 시집으로 묶어 출간하게 된 것이 바로 〈바람과 시간의 숨결〉이었다. 제목을 적는 순간 마치 나의 오랜 세월과 마음의 숨결이 조용히 살아나는 듯한 떨림이 느껴졌다.

사실 청춘의 시절부터 시와 함께 살아왔다. 고등학교 시절 강릉에서 보냈던 그 시간, 우연한 인연처럼 만나게 된 강릉이 고향이신 황금찬 시인께서 나에게 시의 길을 열어 주셨다. 당시 경포 시인 해변학교에서 황금찬 선생님과 마주 앉아 배웠던 시간은 내 인생의 귀중한 자산이었다. 시라는 언어가 무엇인지, 어떻게 마음의 결을 따라가야 하는지, 그리고 시인은 삶을 어떻게 바라보아야 하는지를 그분은 조용한 음성으로 가르쳐 주셨다.

그 가르침은 삶의 어느 시점에서도 나를 떠난 적이 없었다. 그래서 나는 공식적인 등단은 아니었지만, 그분의 손길을 통해 마음으로 이미 시인의 길에 올랐던 셈이었다.

세월이 흘러 출판이라는 길을 걷게 되었어도, 시는 늘 내 마음 깊은 곳에서 조용히 숨 쉬고 있었다. 그러나 바쁜 일상과 생업 속에서 시를 묶어 세상에 내놓을 용기는 오래도록 나에게 없었다. 그러던 중 수필집이 세상에 나온 직후 찾아온 하나님의 사인이었다. 마치 하나님께서 내 마음의 또 다른 서랍을 여시며 말씀하시는 것 같았다.

그 감동을 따라 시를 모으고 다듬어 시집을 출간하게 된 것은 나에게 또 하나의 은혜의 이정표였다. 시집을 만들면서 나는 오랜 세월 속에서 흘러간 감정과 마음의 결을 다시 한 번 들여다보았다. 바람처럼 스쳐간 시간들, 하나님께 울부짖던 순간들, 홀로 서 있던 청춘의 외로움, 그리고 감사와 은혜의 숨결 …. 그 모든 것이 한 편 한 편의 시가 되어 종이 위에 조용히 내려앉았다. 그리고 그 시들이 책으로 묶여 내 손에 들려왔을 때, 나는 마치 잊고 지냈던 나의 또 다른 삶 하나가 되살아나는 듯한 감정을 느꼈다.

얼마 후, 지역 서점과 온라인 서점에서 시집이 제법 팔리고 있다는 연락을 받았다는 소식이 전해졌다. 조용히 쓰여진 시들이 누군가의 마음에 스며들어 작은 위로가 되고 있다는 사실은 다시금 나에게 겸손한 감사로 다가왔다. 시라는 것은 누구에게 보여주기 위한 글이 아니라 영혼이 고백하는 가장 솔직한 기록이다. 그런 시가 누군가의 눈에 닿아 빛을 발했다는 것은 하나님께서 이 시집을 통해 또 다른 만남과 위로의 은혜를 예비하셨다는 뜻일 것이다.

나는 오늘도 감사의 고백으로 하루를 마무리하며 조용히 마음에 새긴다. "주님, 바람과 시간의 숨결 속에서 제 영혼을 빚어 주신 은혜를 기억하겠습니다."

✞ 기도

주님, 오랜 세월 마음속 깊이 품어 두었던 시들을 다시 꺼내어 세상 앞에 내놓을 수 있게 하신 은혜에 감사드립니다. 잊힌 듯 조용히 잠들어 있던 문장들을 깨우시고, 그 안에 담긴 시간과 감정을 다시 숨 쉬게 하신 분이 주님이심을 고백합니다.

주님, 이제 이 시집이 단지 종이에 적힌 단어들의 모음이 아니라, 누군가의 마음을 살짝 건드리고 조용히 위로하는 작은 숨결이 되게 하옵소서. 누군가의 지친 하루에 잠시 멈춤이 되고, 또 다른 이에게는 잃어버린 감정을 다시 찾는 시간이 되며, 마음이 메말라 있던 이에게는 은은한 빛이 되어 스며들게 하옵소서. 오늘도 제 삶을 작품으로 시로, 고백으로 이끌어 가시는 주님을 찬양합니다. 아멘.

Day 28
후반부를 향해 걸어가며

 기도 여정이 어느덧 28일째 날에 이르렀다. 이제 절반을 넘어서 후반부로 향하는 시점이 되었고, 그 지점에서 자연스럽게 지금까지의 흐름들을 다시 천천히 돌아보게 되었다. 응답받는 기도의 40일 기도는 단순한 반복이 아니라 하루하루 다른 은혜로 채워진 깊은 영성 훈련이었다.

 어떤 날은 응답이 분명하게 눈앞에 나타나 놀라게 했고, 또 어떤 날은 아무 소리도 들리지 않는 고요 속에서 묵상의 깊이가 더해지기도 했다. 그리고 어떤 날은 글이 내 영혼을 다루는 도구가 되었고, 어떤 날은 눈물로밖에 하나님 앞에 설 수 없는 순간도 있었다. 이렇게 흘러온 28일째 날의 기록들은 하나같이 내 삶을 재정비하게 하는 귀한 은혜의 시간들이었다.

 오늘 새벽, 기도의 자리에 앉아 다시 한번 마음을 가다듬었다. 후반부로 들어서는 지금이야말로 마음이 흐트러지기 가장 쉬운 시간이라는 것을 알고 있기 때문이다. 처음 시작할 때의 결심은 이미 오래전에 지나갔고, 응답의 감격은 시간이 지날수록 익숙해지기 쉽다. 그러나 하나님께서는 오늘, 내 마음에 분명한 메시지를 주셨다. "지금이 가장 중요한 때이다. 마지막까지 흔들리지 말아라."

이 말씀 같은 감동은 내 마음을 깊이 울렸고, 다시 초심으로 돌아가 기도의 끈을 단단히 붙잡아야 한다는 확신을 주었다. 기도는 달리는 경주와 같아서 시작의 힘만으로 끝까지 갈 수 없다는 것을 나는 삶 속에서 여러 번 경험했다. 후반부는 처음보다 더 조심해야 하고, 더 깨어 있어야 한다는 것을 하나님께서 다시 깨닫게 하셨다.

묵상 속에서 나는 시집을 출간했던 지난 며칠의 이야기도 다시 떠올렸다. 사람들이 보내 준 격려의 말들, 책이 서점에서 팔린다는 소식, 글로 누군가의 마음을 어루만질 수 있었다는 기쁨…. 그것들은 분명 감사할 일들이었지만, 동시에 나를 스스로 높이려는 유혹이 스며드는 순간이기도 했다. 그러나 하나님은 여전히 동일하게 말씀하신다. "은혜는 너의 이름을 드러내기 위한 것이 아니라, 나의 영광을 드러내기 위한 것이다."

그 말씀 앞에서 다시 겸손해질 수밖에 없었다. 내가 이 길을 걷고 있는 이유는 단 하나, 하나님께서 허락하신 사명을 따라 순종하기 위함이다. 책을 내고, 수필을 쓰고, 시를 묶어 내는 모든 과정 속에서 오직 하나님만이 드러나야 한다는 것을 나는 오늘 다시 고백한다.

28일째 날의 묵상은 내 영혼의 깊은 곳까지 스며드는 은혜로 채워졌다. 하나님께서는 내가 걸어온 날들을 잊지 않으셨고, 앞으로 걸어가야 할 길도 이미 준비해 두셨다. 기도의 후반부는 초반보다 더 깊은 의미를 담고 있다. 지금까지는 하나님께서 주시는 응답을 경험하며 감사하는 시간이었다면, 후반부는 그 응답들이 나를 더 성숙하게 하고, 하나님을 더 깊이 신뢰하게 하는 시간이다.

응답의 양보다 중요한 것은 믿음의 결이고, 결과보다 중요한 것은 하나님께 드리는 마음의 방향이다. 나는 오늘 이 사실을 다시 붙든다. "주님, 끝까지 주님만 바라보게 하소서."

마지막 10일 남짓한 시간 동안 하나님이 어떤 일들을 예비해 두고 계실지 나는 알지 못한다. 그러나 하나님은 이미 내 삶 속에서 여러 번 기적을 보여 주셨고, 조용한 날조차도 은혜로 채워 주셨으며, 때로는 글과 눈물과 침묵을 통해 나를 다시 새롭게 하셨다. 그 하나님을 믿기에 앞으로의 여정도 믿음으로 걸어갈 수 있다. 28일째 날의 기록은 후반부의 길을 다시 견고하게 세우는 결단의 날이 되었다. 하나님께서 이 끝자락에도 여전히 일하고 계신다는 확신 속에서 나는 다시 기도의 손을 들어 올린다.

✝ 기도

  주님, 40일 여정의 후반부로 들어서는 이때에 다시 한번 제 마음을 새롭게 하시고, 처음 결심했던 초심으로 돌아가게 하심을 감사드립니다. 시간이 지날수록 흐려지기 쉬운 마음을 붙들어 주시고, 응답보다 하나님 자신을 더 깊이 사랑하는 믿음으로 자라게 하옵소서.

  주님, 어떠한 상황 속에서도 흔들리지 않는 믿음을 주시고, 끝까지 순종함으로 이 여정을 완주하는 사람이 되게 하소서. 남은 기간 동안 제 삶의 걸음마다 주님의 영광만 드러나게 하시며, 하루하루가 은혜로 채워지는 복된 시간이 되게 하옵소서. 오늘도 제 앞길을 인도하시는 주님을 신뢰하며, 모든 시간을 주님께 맡겨 드립니다. 아멘.

Day 29
은혜가 익숙해질 때

 기도 여정 가운데 29일째 날을 맞이한 오늘, 마음 한구석에서 올라오는 묘한 감정을 느끼며 하나님 앞에 서게 되었다. 어느덧 40일의 여정이 끝을 향해 달려가고 있음에도 불구하고, 처음에 느꼈던 뜨거운 감격이나 설렘보다 훨씬 더 깊고 조용한 울림이 내 안에서 흐르고 있었다.

 처음의 열정은 불꽃처럼 타올랐다면, 지금의 은혜는 숯불처럼 잔잔하지만 오래도록 식지 않는 따스함이었다. 하나님은 기도의 여정을 이렇게 만드신다. 시작은 불처럼 뜨겁고, 끝은 은처럼 단단해진다. 그리고 그 단단함 속에서 오늘, 나는 또 다른 영적 결단의 순간을 맞이하게 되었다.

 기도를 드리던 중, 하나님은 내 마음 가장 깊은 곳, 오래 손대지 않으신 감정의 층 하나를 조용히 건드리셨다. 그것은 '익숙함'이라는 이름 아래 무뎌져 있던 신앙의 감각이었다. 응답이 이어지면 감사는 커지지만, 동시에 마음은 서서히 편안함에 젖어 들 수 있다. 그러나 하나님은 익숙함 속에 머물러 있는 나를 그대로 두지 않으셨다. 오늘 아주 조용하게 그러나 분명한 방식으로 내 안의 깊은 층을 여셨다. 기도 가운데 떠오른 한 가지 깨달음, "네가 받은 은혜는 지금까지의 은혜가 아니라, 앞으로의 사명을 위한 은혜다." 그 말 같은 감동이 마음의 가장 깊은 자리에 내려앉았다.

그 말씀 앞에서 다시금 영혼이 일깨워지는 것을 느꼈다. 그동안 하나님께서 주신 응답들, 예기치 않은 원고 요청, 책의 출간, 재판, 시집의 발간, 어머니의 눈물과 위로의 사건들, 이 모두 단순한 감동의 순간이 아니었다. 그것들은 앞으로 하나님이 맡기실 더 큰 사명의 징표였고, 나의 삶을 다시 세우기 위한 준비 과정이었다.

오늘 하나님은 그 사실을 더 선명하게 보여 주셨다. 신앙인의 삶은 '이미 받은 은혜'만 기억하며 사는 것이 아니라, '앞으로 맡겨질 일을 위해 준비하는 과정'이라는 것을 알게 하셨다.

기도를 계속하는 중에 또 하나의 깊은 감정을 마주하게 되었다. 그것은 '하나님께 더 순전하게 쓰임 받고 싶은 갈망'이었다. 세월이 흐르고 나이가 들어도, 영혼이 하나님을 향한 갈망을 잃지 않는다면 그 사람은 여전히 하나님의 사람이었다. 오늘 그 사실을 마음 깊이 고백하며 다시 결단하게 되었다. "주님, 저를 더 깊은 곳으로 이끄소서. 남은 날이 얼마든, 쓰임 받는 인생이 되게 하소서."

29일째 날의 묵상은, 지금까지의 여정보다 더 깊은 울림을 남겼다. 하나님은 기도의 후반부가 단지 '마무리의 과정'이라고 말씀하시지 않는다. 오히려 하나님께서 가장 깊은 영적 작업을 하시는 시점은 언제나 후반부, 끝을 향해 가는 길목이었다. 사람은 끝을 향해 가면 힘이 빠지지만, 하나님은 끝을 향해 갈 때 더 깊이 다루신다. 마치 조각가가 마지막 다듬질을 가장 섬세하게 하듯, 하나님은 기도 여정의 끝을 향해 가는 순간에야 비로소 우리의 영혼을 가장 정교하게 만지신다. 오늘 나는 그 손길을 분명히 느꼈다.

29일째 날을 마무리하며 나는 하나님 앞에 조용히 고백한다. 이 여정은 단지 40일의 영성 프로젝트가 아니라 내 인생 전체를 다시 하나님께 드리는 또 한번의 헌신하는 시간이었음을 고백하며, 기도할 때 주시는 응답이 중요하지만 하나님이 내 마음을 빚으시는 과정은 그보다 훨씬 더 중요하다는 것을, 그리고 이제 시작되는 나머지 열의 시간 속에서 하나님은 또 어떤 깊은 은혜를 준비하고 계실지 나는 느슨함 없이 기대한다.

✟ 기도

주님, 29일째 날에 제 마음 깊은 층을 다시 열어 보이시고, 어느새 익숙해져 무뎌졌던 신앙을 새롭게 깨우쳐 주심에 감사합니다. 돌아보니 지금까지의 모든 은혜가 끝이 아니라, 앞으로 맡기실 사명을 위한 준비였음을 알게 하시니 더 큰 감사가 흘러나옵니다.

   주님, 남은 여정 속에서도 환경에 흔들리지 않고 오직 주님만 바라보는 믿음을 주시고, 제 영혼이 더 깊어지고 더 순전해지는 은혜를 허락하옵소서. 하루하루를 지나며 제 안의 오래된 생각들을 정결하게 하시고, 새로운 순종의 길로 인도하여 주옵소서. 오늘도 저를 빚으시고 이끄시는 주님의 손길을 신뢰하며 모든 마음을 맡겨 드립니다. 아멘.

Day 30
다시 떠오르는 영성훈련의 기억

40일의 방언기도회인 응답받는 영성의 여정이 29일째 날을 지나 이제 30일째 날로 접어든 오늘, 하나님께서 내 삶에 허락하셨던 영성훈련의 시간들을 조용히 떠올리게 되었다. 살아오며 다양한 곳에서 영적인 재정비와 깊은 묵상의 시간을 경험했지만, 그 모든 여정 중에서도 한 가지 훈련은 내 마음에 가장 깊은 흔적으로 남아 있다.

시간이 허락되지 않는 직장생활 속에서도 마침 명절 기간에 맞추어진 영성훈련 코스가 있다는 소식을 듣고 다녀오기로 결심했다. 아내는 섬김 팀으로 나는 훈련생으로 참여하게 되어 3박 4일 동안 같은 공간에서 영성과 말씀, 침묵과 묵상을 함께 나누는 은혜의 시간이 이어졌다. 그 훈련은 지금도 마음 깊은 곳에서 잊을 수 없는 감사의 추억으로 남아 있다.

그때 우리는 강원도 제천의 한 수련원, 덕동계곡에 위치한 조용한 공간을 향해 떠났다. 평소라면 1시간 반이면 도착할 수 있을 거리였지만 명절 연휴 첫날이라 도로는 꽉 막혀 있었고 우리가 도착하기까지 무려 7시간이라는 긴 시간이 걸렸다. 그러나 그 기다림과 피곤함마저도 이상하게 마음을 흐트러뜨리지 않았다. 오히려 사랑하는 사람과 함께 있다는 이유만으로 그 여정 자체가 감사했고, 아내가 사역팀으로 먼저 들어가 섬기고 있다는 마음이 내 가슴을 더 따뜻하게 했다. 차창 너머로 보이는 겨울 풍경 속에서 나는 이 긴 시간이야말로 하나님께서 나에게 미리 주시는 '침묵의 준비시간'이라는 생각이 들었다.

수련원에 도착해 처음 발을 내디뎠던 순간의 공기는 아직도 생생하다. 도심의 복잡함과 회사의 긴장감이 한순간에 사라지고, 계곡 너머로 흘러오는 새벽 공기의 맑은 숨결이 가슴 깊이 스며들었다. 그곳에서의 3박 4일은 말 그대로 영혼을 씻어내는 시간이었고, 하나님께서 나의 내면에 쌓여 있던 모든 무게를 조용히 덜어내 주시는 회복의 시간이었다.

특히 기억에 남는 것은, 훈련 기간 내내 아내가 섬김 팀으로 묵묵히 움직이는 모습을 가까이서 보며 마음의 은혜가 배가되었다는 사실이다. 같은 공간에 있으면서도 역할이 달랐기에 서로에게 말을 많이 건넬 상황은 아니었지만 그 존재 자체만으로도 큰 위로였고 하나님께서 우리의 가정을 어떻게 세우고 계신지를 다시 느낄 수 있는 귀한 시간이었다.

말씀 묵상의 시간, 침묵 훈련, 공동체와의 찬양, 눈물 속에 드린 기도 …. 모든 순간이 하나님께서 주신 새로움으로 채워졌다. 그때 처음으로 '내 영혼이 살아 있다'는 감각을 분명히 느꼈다. 삶의 책임과 직장의 압박 속에서 무뎌졌던 마음이 다시 부드러워지고, 잊고 지냈던 은혜의 촉이 다시 깨어나는 시간이기도 했다.

무엇보다 아내가 나를 위해 기도하고 옆에서 묵묵히 섬기고 있다는 사실 자체가 하나님이 내게 주신 또 하나의 영성훈련이었다. 사랑은 섬김에서 시작된다는 사실을 하나님께서 다시 한 번 가르쳐 주시는 순간이었다.

29일째 날에 이어 오늘의 묵상 속에서도 다시금 큰 깨달음을 얻는다. "하나님께서 내 삶에 주셨던 모든 영성훈련은 결국 지금의 나를 빚기 위한 하나님의 장기적 계획이었다." 그 당시의 3박 4일이 아니었더라면, 아내와 함께 섬김과 훈련의 자리에 서는 경험을 하지 못했다면, 오늘의 믿음 역시 지금처럼 깊게 자리 잡지 못했을 것이다.

하나님은 그 시간을 단순한 수련이 아니라 '내 인생의 한 장을 다시 쓰게 하신 시간'으로 사용하셨다. 오늘 그 은혜를 다시 떠올리며 감사의 기도를 드린다.

✝ 기도

주님, 제 삶 속에서 허락하셨던 영성훈련의 시간들을 오늘 다시 떠올리게 하시니 감사드립니다. 그때는 미처 알지 못했던 순간들이었지만, 시간이 흐른 지금 돌아보니 그 모든 날들이 제 영혼을 바로 세우시는 주님의 손길이었음을 고백합니다. 특별히 사랑하는 아내와 함께 걸었던 3박 4일의 여정 속에서 경험했던 은혜를 잊지 않게 하시고, 우리 가정을 향한 하나님의 계획과 위로가 담긴 깊은 훈련의 길이었음을 깨닫게 하옵소서.

주님, 앞으로의 여정 속에서도 그때와 같은 은혜로 저의 발걸음을 인도하시고, 제 마음이 흔들릴 때마다 그 훈련의 시간 속에서 만난 주님의 얼굴을 기억하게 하옵소서. 언제나 저를 빚으시고 이끄시는 주님의 은혜를 찬양합니다. 아멘.

part 4

응답받는 기도 40일의 여정

Day 31 _일상 속에서 다시 깨닫는 은혜
32 _순종의 숨결을 다시 배우는 날
33 _남은 여정을 향해 영혼을 다시 정렬
34 _오래 품어 온 방언의 불길을 다시 되살리다
35 _말씀 앞에서 영혼을 다시 바로 세우다
36 _형제들과의 한 장면 속에서 깨달은 은혜
37 _끝을 향한 집중 속에서 깊어지는 하나님의 손길
38 _결실을 품는 마음으로 마지막
39 _연합의 기도 속에서 맺힌 은혜의 열매
40 _기도가 흐르는 자리에서

Day 31
일상 속에서 다시 깨닫는 은혜

기도 여정 가운데 31일째 날을 맞이한 오늘, 어제 떠올렸던 영성훈련의 기억이 하루 내내 마음에 잔잔하게 스며 있는 것을 느꼈다. 3박 4일의 그 시간은 그저 과거의 특별한 순간이 아니라 지금도 내 영혼의 한 구석에서 계속 숨 쉬고 있는 '거룩한 흔적'이었다. 그 은혜의 잔향이 오늘을 살아가는 나의 태도와 시선을 부드럽게 변화시키고 있었다.

하나님은 특별한 장소에서만 역사하시는 분이 아니라 일상의 흐름 속에서도 동일하게 일하시는 분이라는 사실을 새삼 느끼게 되었다. 그래서 오늘의 묵상은 '일상 속의 영성'이라는 주제로 자연스레 흘러갔다.

새벽에 눈을 뜨는 순간부터 어제의 장소가 아닌 오늘의 공간에서도 하나님이 여전히 나를 부르고 계심을 느꼈다. 수련원에서의 침묵과 말씀 묵상, 아내의 섬김, 예배와 기도의 눈물…. 그러한 것들은 비단 그 특정한 장소에서만 가능한 것이 아니었다. 하나님은 내가 서 있는 어느 자리에서든, 마음이 그분께 향하기만 한다면 동일한 은혜를 부어주시는 분이었다.

오늘 출판일과 집안의 작은 일들을 처리하는 평범한 하루를 보냈지만, 그 속에서도 하나님께서 나를 어떻게 다루고 계시는지를 아주 세밀하게 느낄 수 있었다. 예전 같으면 그냥 지나쳤을 사소한 일들이 오늘은 모두 하나의 교훈이 되었고, 하나님이 보내시는 '세미한 음성'처럼 들려왔다.

어디선가 들려오는 새소리, 아침 공기의 온도, 식탁 위에 놓인 따뜻한 커피 한 잔, 책상 위에 펼쳐진 원고 …. 이런 평범한 것들 하나하나가 어제의 영성훈련처럼 나를 다시 묵상으로 이끌었다. 오늘 스스로에게 조용히 말했다.

"하나님이 계시는 자리는 특별한 곳만이 아니다. 하나님은 오늘 나의 일상 가운데도 충분히 계신다." 이 고백은 마음을 깊이 울렸고, 지나온 여정에서 배운 영성이 결코 일시적인 감정이 아니라 삶 전체로 흘러가야 할 '하나님의 방식'임을 깨닫게 했다.

기도하는 가운데 또 하나의 중요한 깨달음을 얻었다. "은혜는 유지되는 것이 아니라 매일 새롭게 받아야 한다." 3박 4일의 영성훈련이 아무리 강력한 은혜였다 하더라도 그것이 오늘의 나를 자동으로 경건하게 만들어주는 것은 아니었다. 영성은 하루의 결심에서 시작되어 다음 날의 순종으로 이어져야 한다. 하나님은 오늘도 나에게 새 은혜를 준비하셨고, 나는 그 은혜 앞에 하루하루 다시 마음을 열어야 했다. 그 사실이 오늘의 묵상을 더욱 진지하고 깊게 만들었다.

사실 이러한 깨달음은 지금의 40일 기도 프로젝트와 너무도 닮아 있었다. 매일의 기도는 결코 '어제 했으니 오늘은 괜찮다'가 아니라 '오늘도 해야만 살 수 있다'라는 마음에서 비롯되어야 했다. 하나님과의 관계는 매일 새로워져야 하기에 나는 오늘 다시 기도의 자리를 찾았고, 그 자리에서 또 한 번 마음이 은혜로 채워지는 것을 경험했다.

21일째 날부터 이어져 온 후반부의 묵상들은 나를 점점 더 깊은 자리로 이끌었다. 오늘은 그 깊이가 조금 더 발아하여 일상의 순간까지도 은혜로 바라보는 눈을 열어주었다. 영성훈련의 체험이 단순한 '좋은 기억'에 머물지 않고, 오늘의 삶을 이끄는 순종으로 이어지고 있다는 사실에 마음이 뜨거워졌다. 하나님은 여전히 나를 훈련하고 계셨고, 나는 그 부르심 앞에 조용히 순종할 뿐이었다.

✞ 기도

주님, 특별한 훈련의 시간이 지나고 다시 일상으로 돌아온 오늘, 평범한 하루 속에서도 여전히 주님의 숨결을 느끼게 하시니 감사합니다. 큰 은혜 가운데 머물렀던 시간뿐 아니라, 아무렇지 않아 보이는 일상의 순간들까지도 주님의 손길로 채워 주시니 더욱 감격합니다. 주님, 반복되는 하루 속에서도 주님을 잊지 않게 하시고, 작은 일 하나에도 마음을 깨우셔서 거룩한 묵상의 자리로 이끌어 주옵소서. 특별한 시간이 끝났다는 이유로 영의 눈이 흐려지지 않게 하시고, 오히려 일상의 조용한 순간 속에서 더 깊은 임재를 경험하게 하옵소서.

  오늘이라는 시간도, 지금 제 앞에 놓인 작은 일들도 모두 주님께서 허락하신 은혜의 통로임을 고백합니다. 주님, 매일 새롭게 부어 주시는 은혜를 놓치지 않게 하시고, 그 은혜로 살아가는 영혼이 되게 하옵소서. 아멘.

Day 32
순종의 숨결을 다시 배우는 날

40일 응답받는 기도의 여정이 32일째 날에 이르렀다. 오늘 새벽, 알 수 없는 묵직한 울림을 느끼며 조용히 기도의 자리에 앉았다. 어둠이 완전히 걷히기 전의 고요한 시간, 집 안의 모든 소리는 멈춰 있고, 오직 내 호흡과 하나님 앞에 나아가려는 마음만이 깨어 있는 듯했다. 하루의 시작이 이렇게 하나님으로부터 비롯되는 것이 얼마나 큰 은혜인지, 얼마나 큰 선물인지 새삼 깨닫게 되었다.

후반부에 접어든 40일의 여정은 초반과는 전혀 다른 분위기를 품고 있었다. 초반에는 은혜가 감각적으로 느껴졌고, 중반에는 예상치 못한 사건들이 응답으로 터져 나오듯 이어졌다. 그러나 지금은 모든 것이 고요하다. 마음을 흔드는 자극도, 눈물로 반응하게 하는 감동도 크게 느껴지지 않는다. 하지만 그 고요 속에, 설명할 수 없는 '영적인 깊음'이 서서히 스며들고 있었다. 마치 하나님께서 내 영혼을 더 깊은 물가로 데려가고 계시지만, 의도적으로 발걸음을 아주 조용히 옮기시는 것처럼 느껴졌다.

　기도의 자세를 잡고 눈을 감았을 때, 마음 속 깊은 곳에서 움직이는 파동 같은 것을 느꼈다. 그 감정은 뜨거운 감격도 아니었고, 드라마틱한 깨달음도 아니었다. 오히려 잔잔한 물결이 깊은 곳에서 천천히 올라오는 듯한 침묵의 울림이었다.

　신앙의 길은 이렇게 조용한 날에 더욱 선명해진다는 것을 나는 여러 해의 경험 속에서 알고 있었다. 큰 소리로 말씀하시는 날보다, 하나님께서 세미하게 다가오시는 날이 영혼에는 훨씬 더 깊은 흔적을 남긴다.

　오늘의 묵상 초입에서 문득 이런 깨달음과 마주했다. "순종은 감동이 없을 때 드러나는 신앙의 본질이다." 사람은 마음이 뜨거울 때 움직이기 쉽지만, 아무 감정도 느껴지지 않을 때에도 하나님을 향해 한 걸음 나아가는 것이야말로 진짜 순종이다. 오늘 아침의 고요 속에서 하나님은 내 영혼에 바로 이 메시지를 새기고 계셨다.

　집 안의 불이 환하지도 않은 고요한 새벽, 내가 들이마신 공기는 마치 성전 안의 냉기처럼 신선하고 단단했다. 한동안 아무 말도 하지 못하고 그저 숨을 고르며 하나님 앞에 머물렀다. 그리고 마음 깊은 곳에서 작은 떨림이 올라왔다. '아, 오늘이야말로 하나님께서 내 영혼에 깊은 사역을 하시는 날이구나.' 눈에 보이는 응답이 없어도, 감정이 치솟지 않아도, 영성이 깊어지는 날은 바로 이런 날이었다.

말씀을 펼치기 전, 나는 긴 침묵 속에서 하나님께 귀를 열었다. 그때 마음속에 내려온 한 문장이 있었다. "너의 일상이 예배가 되게 하라." 그 말 같은 감동이 새벽의 고요 속에서 내 영혼을 감싸며, 오늘 하루의 방향을 단번에 정해 주었다.

하나님은 특별한 기적보다 평범한 순간에서의 태도를 더 보신다는 것을, 크고 놀라운 응답보다 조용한 날의 순종을 더 기뻐하신다는 것을 오랜 신앙생활 속에서 수없이 경험해 왔다.

오늘의 새벽 묵상은 마치 한 권의 책이 천천히 펼쳐지듯, 차곡차곡 마음의 자리를 채워 갔다. 나도 모르게 무뎌질 수 있는 영적 감각, 응답과 기적의 흐름에 익숙해지면서 느슨해질 수 있는 중심, 그리고 너무 익숙해진 일상 속에서 놓쳐버린 하나님의 부르심, 그 모든 것을 하나님은 오늘 다시 바로잡고 계셨다.

이렇게 시작된 Day 32는 감정이 아니라 선택으로 드리는 순종의 의미를 새롭게 배우는 시간임을 나는 분명히 느낀다. "주님, 오늘도 제 마음을 당신께 맞추겠습니다." 그 조용한 고백 하나가 오늘의 새벽을 채우는 가장 깊고 강력한 예배가 되었다.

✟ 기도

주님, 순종은 감정이 아니라 선택임을 오늘 다시 배우게 하시니 감사합니다. 마음이 뜨거울 때만 순종하는 사람이 아니라, 아무 감정이 없어도, 특별한 흔적이 느껴지지 않아도, 조용히 하나님을 향해 발걸음을 옮기는 믿음을 제 안에 깊이 심어 주옵소서.

주님의 음성이 선명하게 들리지 않는 순간에도, 침묵 속에 감추어진 주님의 마음을 잃지 않도록 영적 민감함을 지켜 주시고, 상황과 감정에 흔들리지 않는 내적 견고함을 허락하소서. 작은 일 하나라도 사람의 시선을 의식하거나 감정의 파도에 의해 움직이는 것이 아니라, 오직 하나님 앞에서 행하는 순전한 순종이 되게 하시며, 오늘의 선택들이 내일의 믿음을 세우는 토대가 되게 하옵소서.

주님, 순종의 삶을 통해 제 안에 숨어 있는 교만과 자기중심적 욕망들이 서서히 꺾이고, 대신 온유함과 겸손함, 그리고 주님의 마음을 닮은 사랑이 자라나게 하옵소서. 끝까지 하나님을 신뢰하며 걷는 발걸음이 되게 하시고, 그 길 위에서 주님의 선하심을 더욱 깊이 경험하게 하소서. 아멘.

Day 33
남은 여정을 향해 영혼을 다시 정렬

기도 여정이 33일째 날을 맞이한 오늘, 새벽의 공기 속에서 설명하기 어려운 긴장감과 기대감이 함께 흐르는 것을 느꼈다. 이제 여정은 마지막 구간에 들어섰고, 후반부 중에서도 가장 중요한 고비에 이르렀다는 감각이 내 영혼을 감싸고 있었다.

초반의 뜨거움과 중반의 응답이 지나고, 침묵의 깊은 시간을 여러 날 지나온 지금, 하나님은 다시 한 번 나를 더 깊은 자리로 부르시는 듯했다. 오늘은 마치 하나님이 내 영혼을 조용히 새로운 정비하는 날처럼 느껴졌다.

기도의 자리에 앉자마자 마음속 깊은 곳에서 한 문장이 떠올랐다. "지금이 가장 흔들리기 쉬운 때이다. 그러나 지금이 가장 은혜가 깊어지는 때이기도 하다." 그 말 같은 울림은 나를 즉시 집중하게 만들었다. 사실 영적 여정에서 가장 어려운 시점은 결코 시작이 아니다. 시작은 늘 새로움과 결심이라는 힘이 있다.

그러나 끝을 향해 가는 길, 바로 지금과 같은 시점에서 마음이 풀어지기 쉬운 것이다. 오늘 하나님은 그 사실을 강하게 일깨워 주셨다. 마음을 정결하게 하기 위해 천천히 숨을 고르고 손을 모았다. 그리고 그 순간 깨달았다.

지금까지 흘러온 날들 속에서 하나님은 기적도 주셨고, 감동도 주셨고, 침묵도 주셨지만, 이제는 '지속력'이라는 영적 근육을 다듬고 계신다는 사실을, 영성은 순간의 열정이 아니라, 끝까지 가는 성실함이라는 것을 오늘 다시 마음 깊이 새겼다.

주님과 대화하는 듯한 묵상 속에서 여러 장면이 스쳐 지나갔다. 책이 출간되던 날, 어머니의 눈가에 맺힌 이슬 같은 눈물, 재판 소식, 예기치 않은 저자들의 만남, 수련원에서의 영성훈련, 고요 속에서 깨달음을 얻었던 날들 …. 그 모든 순간이 하나의 줄기처럼 이어지며 오늘의 나를 만들었다.

그러나 오늘 하나님은 속삭이듯이 내게 말씀하셨다. "그 모든 은혜는 지금 너의 '오늘'을 위해 준비된 것이다." 이 말은 내 영혼에 오래 머물렀다. 하나님은 과거의 은혜를 회상하게 하시지만, 결코 그 자리에서 멈추게 하시지 않는다. 은혜는 추억이 아니라, 앞으로 걸어갈 길의 방향표였다.

책상 위에 놓여 있는 펜을 들어 한동안 그대로 바라보았다. 지난날의 수필과 시편들이 모두 이 펜 끝에서 시작되었다. 그리고 오늘, 다시 이 펜이 하나님을 향한 고백의 통로가 되기를 조용히 기도했다. 감정이 아니라 결단으로 움직이는 믿음을 배우는 것이, 지금 이 여정에서 하나님이 내게 가르치고 계신 가장 중요한 훈련이기 때문이다.

오늘의 묵상은 특히 '남은 7일'에 대한 무게를 깊게 느끼게 했다. 남은 7일은 단순히 일정의 말미가 아니라, 40일 전체를 완성하는 '영적 클라이맥스'였다. 하나님은 지금 내게 묻고 계신다. "너는 마지막까지 나를 바라볼 것인가? 흔들리지 않고 나를 신뢰할 것인가?" 마음 깊이 대답했다. "주님, 끝까지 붙들겠습니다."

23일째 날의 깨달음도, 32일째 날의 침묵의 깊음도, 오늘의 결단도 하나의 선으로 이어지고 있었다. 그 선은 결국 한 지점으로 수렴된다. 하나님 한 분. 이 여정의 목적도, 응답의 이유도, 글을 쓰게 하신 것도, 쉼을 주신 것도, 눈물을 흘리게 하신 것도 모두 그분을 더 깊이 알게 하기 위함이었다.

오늘 나는 영혼의 방향을 다시 한번 정렬했다. 어떤 감정이나 사건보다 중요한 것은 "하나님을 향한 방향이 흔들리지 않는 것"이라는 사실을 다시 붙들며, 남은 여정을 믿음으로 걸어가기로 결심했다.

✝ 기도

주님, 33일째 날을 맞이한 오늘, 제 마음을 다시 정렬하게 하시고 앞을 바라보게 하시는 은혜에 감사합니다. 여정의 끝을 향해 가는 이 시점에도 주님은 여전히 제 영혼을 깊이 다루고 계심을 믿습니다. 감정이 아닌 믿음으로, 감동이 아닌 결단으로 주님을 붙드는 사람이 되게 하소서. 남은 여정에서도 흔들리지 않게 하시고, 하루하루를 주님께 드리는 순종의 걸음으로 채워 주소서. 아멘.

Day 34

오래 품어 온 방언의 불길을 다시 되살리다

영성의 여정이 34일째 날을 향해 달려가고 있다. 이제 기도회는 막바지에 다다랐지만, 실은 방언으로 기도하는 삶은 내게 낯선 것이 아니었다. 방언은 오랜 세월 동안 내 신앙의 일부였고, 일상 속에서 자연스레 흘러나오던 영적 호흡과도 같았다. 누군가에게는 생소할 수도 있으나, 내게는 하나님이 허락하신 특별한 은사였기에 이 은혜를 부정해 본 적은 단 한 번도 없었다.

다만 그 은사가 내 삶 속에서 지속적으로 타오르지 못하고 어느 순간 잔잔해져 버린 날들이 많았다는 사실이 늘 마음에 아쉬움으로 남아 있었다.

나는 30년이 넘도록 여의도순복음 교회에서 신앙생활을 해왔다. 그곳에서 수많은 성도들의 간증을 들었고, 성령의 역사를 눈앞에서 보았으며, 무엇보다 최자실 목사님을 통해 흘러나오던 능력과 기도의 파워를 직접 경험한 세대였다. 방언의 은사는 결코 인간의 감정이나 노력으로 만들어낼 수 있는 것이 아니라 철저히 하나님이 주권적으로 부어주시는 은혜라는 사실을 몸으로 배웠다.

그렇기에 누군가에게 방언이 익숙하지 않다는 이유로 판단하거나 은사를 비교하면서 옳고 그르다 말할 수 없다는 것도 나는 잘 알고 있다. 그러나 분명한 사실은 하나였다. 방언에는 힘이 있다. 말로 표현하기 어려운 깊은 울림이 있고, 영혼을 깨우는 능력이 있으며, 내 안에 눌러 있던 신앙의 심지가 다시 타오르게 하는 불꽃같은 역할을 한다는 것이다.

그런데 어느 순간부터 방언 기도가 삶에서 조금씩 멀어지고 있었다. 주어진 일들에 치이고 마음이 분산되며, 기도의 불씨가 잦아들다 보니 영적인 태도 역시 예전 같지 않음을 스스로도 느꼈다. 그 아쉬움이 마음 한편에 오래 쌓여 있었지만 다시 불을 붙일 계기는 쉽게 찾아오지 않았다.

그러던 중 이번 40일 기도의 프로젝트가 시작되었다. 처음에는 '다시 마음을 붙잡는 시간 정도가 되겠지'라고 가볍게 생각했지만 하나님께서는 내 기대보다 훨씬 깊은 은혜를 준비해 두고 계셨다.

40일 응답받는 기도회를 시작한 이후, 잊고 지냈던 방언의 불길이 다시 타오르는 것을 분명히 느꼈다. 기도할 때마다 마음 깊은 곳에서 고였던 감정이 풀리고, 막혀 있던 영적 통로가 다시 열리는 듯한 생생한 체험들이 이어졌다. 마치 오랫동안 잠자고 있던 영혼의 기관이 다시 깨어나는 것 같았다.

어떤 화려한 기적이나 특별한 체험을 말하는 것이 아니다. 그저 하나님 앞에서 솔직하게 무릎 꿇고 방언으로 기도할 때마다, 잊고 지냈던 영적 뜨거움이 다시 피어오르는 것을 경험했다는 것이다.

이번 응답받는 기도회가 나의 가슴 속에 남아 있던 방언의 열정과 사모함을 다시 불태우는 시간이었다. 겉으로 드러내 놓고 말하지는 않지만 방언을 통해 하나님과 나누는 깊은 교감은 여전히 내 신앙의 중심을 지키는 든든한 기둥이다. 그리고 나는 오늘 이 은사를 다시 귀하게 여기며 감사할 수 있다는 사실만으로도 큰 은혜임을 깨닫는다.

✝ 기도
주님, 오래된 은사를 다시 일으키시고 제 영혼 속에서 잦아들었던 불길을 다시 타오르게 하신 당신의 은혜에 감사드립니다. 방언의 능력을 제 안에 새롭게 하시고, 이 은사가 교만이 아니라 겸손과 순종으로 드러나게 하옵소서.

주님과 깊이 교통하는 기도의 통로가 다시 열리게 하시고, 앞으로의 신앙 여정 속에서도 이 은사를 통해 더욱 온전한 예배와 기도로 나아가게 하소서. 항상 성령의 불이 제 안에서 꺼지지 않도록 붙들어 주시고, 끝까지 주님과 동행하는 삶이 되게 하옵소서. 아멘.

Day 35
말씀 앞에서 영혼을 다시 바로 세우다

이번 여정이 35일째 날에 접어드는 날, 다시금 하나님 앞에 조용히 앉아 지난 시간들을 돌아보게 되었다. 방언의 불길이 다시 살아난 날들이 계속되면서, 마음 깊은 곳에 묵혀 있던 영적 열정이 차츰 깨어나는 것을 느꼈다.

그러나 오늘은 그 뜨거운 감정 너머에서, 하나님이 내게 들려주시는 더 근원적인 음성, 곧 말씀의 자리로 돌아오라는 부르심을 더욱 강하게 느끼게 되었다.

영적 은사는 분명 귀한 것이지만, 은사는 하나님을 향한 통로이지 목적이 아니다. 방언이 주는 불길도, 기도의 깊은 감격도, 영성훈련의 흔적도 모두 결국은 '말씀'이라는 대전제 아래에서 빛을 갖는다. 오늘은 하나님께서 내 영혼을 다시 이 순수한 원칙 위에 세우시는 날이었다.

새벽 말씀을 펼치는 순간, 오랜만에 마음이 깊이 파문처럼 흔들렸다. 글자로 적힌 문장들을 넘어 하나님께서 직접 내게 속삭이시는 것 같은 생생한 울림이 있었다. 그 울림은 이렇게 말하고 있었다. "은사를 주는 이보다, 은혜를 주는 이를 바라보아라." "능력을 사모하되, 네 마음을 말씀 위에 세워라."

한동안 말씀을 들여다보며 그 문장을 가슴 속에 새겼다. 지금까지의 여정이 결코 헛되지 않았다는 확신이 생겼고, 은사보다 더 깊은 차원의 영적 기반, 곧 말씀 중심의 신앙이 다시금 내 안에서 자리 잡는 것을 느꼈다.

기도하는 중에, 나는 문득 지난 신앙생활의 여러 장면들을 떠올렸다. 젊은 시절 최자실 목사님을 보며 느꼈던 성령의 강력한 임재, 수많은 예배 속에서 경험했던 말씀의 권세, 순복음 공동체 특유의 찬양과 기도의 흐름 …. 그 모든 장면은 단순히 '능력의 체험'이 아니라 말씀을 살아내는 사람들에게 하나님이 주시는 보증 같은 은혜였다는 사실이 다시 깨달아졌다.

그리고 하나님은 오늘 이 Day 35의 자리에서 내게 다시 묻고 계셨다. "지금 너의 신앙이 서 있는 자리는 어디인가? 능력 위에 서 있는가, 아니면 말씀 위에 서 있는가?" 이 질문은 내 영혼을 깊이 찌르듯 파고들었다. 순간 고개를 숙일 수밖에 없었다. 왜냐하면, 여전히 말씀보다 '느낌'에 흔들릴 때가 있고, 은사보다 '은혜의 주인'을 바라보는 일이 부족했음을 인정하게 되었기 때문이다.

그러나 동시에 큰 위로도 함께 느꼈다. 하나님은 꾸짖기 위해 이 질문을 던지신 것이 아니라 마지막 일주일을 더 온전히 채우기 위해 내 마음을 정렬시키고 계신 것이었다. 40일의 여정 중 후반부에 들어서면, 하나님은 종종 우리의 내면을 아주 정밀하게 다시 세우신다.

그 정밀한 손길이 오늘 Day 35에서 내 영혼 깊은 곳을 만지는 것을 분명히 느꼈다. 마음속으로 여전히 방언의 은사를 소중히 여긴다. 그 뜨거움도, 그 감격도, 영혼의 해소도 모두 감사하다. 그러나 오늘 깨달았다. 방언의 불길은 말씀이 받쳐줄 때 가장 맑고 오래도록 타오른다는 것을, 은사가 기도에게 날개라면, 말씀은 기도의 뿌리라는 것을 오늘 다시 말씀 앞에 무릎을 꿇는다.

✞ 기도

주님, 은사와 체험의 은혜를 부어주신 하나님, 그러나 오늘 다시 말씀 앞에 서게 하시니 감사합니다. 감정보다 더 깊은 자리, 능력보다 더 견고한 자리, 말씀 위에 신앙을 세우라는 당신의 부르심을 진심으로 받아들입니다.

주님, 제가 은사만 바라보지 않게 하시고 은사를 주시는 당신을 더 사랑하게 하소서. 말씀이 제 영혼의 중심이 되어 제 기도와 순종과 결단이 흔들리지 않게 하시며, 남은 여정 속에서도 말씀을 붙드는 사람이 되게 하옵소서. 아멘.

Day 36
형제들과의 한 장면 속에서 깨달은 은혜

36일째를 맞아 글을 쓰다 보니 오늘은 특별히 최근 형제들과 함께했던 한 기억이 마음 깊은 곳에서 조용히 떠올랐다. 신앙의 여정은 혼자 걸어가는 것 같지만 실은 하나님께서 가족과 형제, 동역자를 통해 끊임없이 우리의 마음을 다듬고 세워 가신다는 것을 보여주는 사건이었다. 그날은 소소한 일상이었지만 다시 떠올릴수록 그 안에 하나님의 세심한 손길이 배어 있음을 느낄 수 있는 하루였다.

TV를 보면, 특별한 상품을 사기 위해 새벽부터 줄을 서거나 공연 티켓 한 장을 얻기 위해 밤을 지새우는 사람들을 본 적이 있다. 그러나 '카페 오픈런'(open run)이라는 말은 그날까지 단 한 번도 들어본 적이 없었다. 아마도 커피 한 잔을 마시기 위해 문 열기 전부터 줄을 설 만큼 사람들의 마음을 끄는 곳이 있다는 사실이 어딘가 기이하면서도 흥미롭게 느껴졌다.

그런데 우리의 형제 내외가 얼마 전 파주 임진각 근처의 유명한 카페에서 실제로 그 오픈런을 했다는 것이다. 그 이야기를 들었을 때, 나는 잠시 말을 잃었다. 커피 한 잔을 위해서라기보다 형제들이 함께 시간을 보내고자 하는 그 마음이 얼마나 귀하고 따뜻한지 깨닫게 되었기 때문이다.

그날, 아내와 집에서 8시 30분에 출발했다. 두 동생은 토요일마다 찾아뵙는 어머니를 만난 후 두 제수를 태우고 오느라 시간이 조금 더 걸렸다. 그래서 형인 내가 먼저 가서 자리를 잡으라는 책임이 자연스럽게 주어졌다. 이상하게도 그 책임이 부담이 아니라 오히려 기쁨으로 다가왔다. 가족을 위해 '먼저 가서 준비한다'는 그 마음이 하나님께서 나에게 맡기신 작은 사명처럼 느껴졌기 때문이다.

우리는 서둘러 도착했다. 다행히도 우리가 가장 먼저 문 앞에 도착한 사람들이었다. 문 앞에서 기다리며 형제들을 떠올리는 마음은 이상할 정도로 따뜻했다. 그리고 문이 열리자 우리는 6명이 함께 앉아 조용히 이야기 나눌 수 있는 넉넉한 테이블을 확보했다.

잠시 후 도착한 형제 내외가 "형이 역시 먼저 와서 자리를 지키고 있네"라고 말할 때, 나는 마음속에서 작은 감사의 미소가 번지는 것을 느꼈다. 그 순간은 단순히 좋은 자리를 얻었다는 기쁨이 아니라 가족이라는 울타리의 소중함과 하나님이 허락하신 관계의 은혜가 마음에 깊게 스며들던 시간이었다.

커피와 파스타, 샐러드를 먹고 마시며 형제들과 나누었던 대화는 언제나 그렇듯 소소했지만 그 소소함 속에서 특별한 평안이 흘렀다. 동생들은 각자의 일터에서 경험한 새로운 이야기들을 나누었고, 나는 출판과 신앙생활 속에서 있었던 일들을 들려주었다. 우리 대화의 중심에는 늘 어머니가 계셨다.

94세의 어머니는 여전히 우리 형제가 서로 사랑하며 함께 모이는 모습을 보며, 하루에도 몇 차례씩 하나님께 감사를 올리신다. 그 기도가 우리를 붙들고 있다는 사실을 우리는 모두 알고 있었다.

돌아오는 길에 나는 문득 이런 생각이 들었다. "하나님은 우리가 무릎 꿇는 자리에만 계시는 것이 아니라, 사랑하는 가족과 함께 커피 한 잔 나누는 자리에도 계신다." 그 작은 자리가 하나님의 평안을 담는 그릇이 되었고, 그 평안이 오늘의 묵상까지 이어지는 은혜가 되었다.

✝ 기도

주님, 평범한 날에 주시는 특별한 위로와 은혜를 깨닫게 하시니 감사합니다. 크게 보이지 않는 순간들 속에서도 주님이 주시는 사랑의 숨결을 느끼게 하시고, 형제들과 함께한 한 장면을 통해 가족이 삶에 주는 깊은 의미를 다시금 마음에 새기게 하시고 오늘 경험한 작은 기억이 지나가는 감상이 아니라, 신앙의 길 위에서 더욱 큰 감사의 날들 속에서도 같은 은혜를 이어가게 하옵소서. 아멘.

Day 37
끝을 향한 집중 속에서 깊어지는 하나님의 손길

40일 기도회의 여정이 37일째 날을 맞았다. 이제 마지막을 향해 빠르게 달려가고 있는 이 시점에서, 나는 마음 한편에 묵직한 울림이 차오르는 것을 느꼈다. 응답이 이어졌던 중반부, 뜨거움이 있었던 전반부와 달리, 지금은 더 깊고 단단한 침묵 속에서 하나님이 나를 붙들고 계신다는 확신이 있었다. 지금은 감정의 시간이 아니라 영혼의 방향을 결정짓는 시간이었다.

오늘 새벽, 기도하려고 자리에 앉자 마음속에서 오래된 한 문장이 울리듯 떠올랐다. "지금이 가장 중요한 때이다." 처음에는 그 의미를 다 이해하지 못했지만, 잠잠히 묵상하는 동안 그 말의 깊이를 알게 되었다. 신앙의 여정은 끝날 때가 되면 오히려 더욱 정교하고 세밀한 하나님의 손길이 임한다. 마치 도공이 마지막 순간에 그릇의 가장자리까지 매끄럽게 다듬듯이 하나님은 지금 내 삶의 '가장자리'를 만지고 계셨다.

오늘은 기도하는데 특별한 감동이나 뜨거움이 없었다. 그러나 이상하게도 그 '없음'이 두려움이 아니라 오히려 깊은 평안으로 다가왔다. 하나님은 감정으로만 일하지 않으신다. 말씀으로, 침묵으로, 깨달음으로, 때로는 아무런 느낌 없이도 '그냥 나와 함께 있다'라는 형식으로 우리 곁을 지키신다. 오늘의 조용함은 분명 그런 형태의 임재였다. 기도 속에서 이렇게 고백할 수밖에 없었다. "주님, 당신의 방식은 제가 다 알 수 없지만, 지금 이 순간도 제가 필요한 만큼 인도하시는 줄 믿습니다."

40일의 여정 중 후반부에 들어서면, 하나님은 종종 우리의 중심을 다시 점검하게 하신다. 오늘 누구보다 나 자신의 솔직한 모습을 마주해야 했다. 진심으로 어떤 기도를 원하고 있는가? 남은 날들 속에서 나는 무엇을 기대하고 있는가? 기도의 목표를 이루는 것이 중요한가, 아니면 기도의 과정 속에서 하나님을 더 깊이 만나는 것이 중요한가?

이 질문들은 단순한 자기 점검이 아니라 하나님이 직접 마음 깊은 곳을 두드리시는 소리처럼 들렸다. 묵상하는 동안 나는 지금까지의 여정을 천천히 되짚어 보았다. 예기치 못한 원고 의뢰, 새롭게 만난 작가들, 눈물로 기뻐했던 어머니의 얼굴, 어느 날 떠올라 펜을 쥐게 만든 수필의 첫 문장, 형제들과 함께 나눴던 평범한 하루, 그리고 방언의 불길이 다시 타올랐던 순간까지 ⋯ 모든 장면을 관통하는 하나의 메시지는 분명했다. "하나님의 손길은 크고 작은 모든 순간 속에서 일하고 있었다." 이제 Day 37에서 나는 그 확신 위에 다시 서 있었다.

남은 3일은 단순히 일정의 마무리가 아니다. 하나님은 이 남은 짧은 시간 속에, 아마도 지금까지의 37일보다 훨씬 깊고 강한 은혜를 담아놓고 계실지도 모른다. 그래서 오늘 이렇게 다짐했다. "주님, 끝까지 집중하겠습니다. 마지막까지 당신만 바라보겠습니다." 이 고백 하나가 오늘의 묵상을 단단하게 채워 주었다.

✝ 기도

주님, 37일째 날에 이르기까지 단 한 걸음도 놓치지 않고 인도해 주신 은혜에 감사합니다. 저의 감정이 뜨겁지 않아도, 특별한 감동이 없어도, 당신의 손길은 여전히 제 영혼 깊은 곳에서 조용히 역사하고 계심을 믿습니다. 오늘도 보이지 않는 곳에서 저를 붙들어 주시고, 흔들리지 않도록 중심을 세워 주신 주님의 은혜가 얼마나 큰지 다시 고백합니다.

주님, 남은 날들 속에서 더 분명한 집중을 허락하시고, 기도의 목적을 이루는 것보다 주님 자신을 더 사랑하는 마음을 제 안에 넉넉히 채워 주소서. 끝까지 주님만 바라보며 걷게 하옵소서. 감정이 이끌지 않아도, 상황이 흔들어도, 주님의 얼굴을 구하는 마음만은 흐려지지 않게 하십시오. 저의 걸음 하나하나가 주님을 향한 사랑의 고백이 되게 하옵소서. 아멘.

Day 38

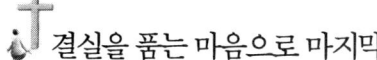 결실을 품는 마음으로 마지막

40일 기도 여정이 어느덧 38일째 날을 맞았다. 이제 마지막을 향해 달려가는 시점에서, 자연스럽게 지난 시간의 흐름을 되돌아보게 된다. 기도의 자리는 언제나 과정이 중요하지만, 그 과정 속에서 하나님께서 허락하신 열매들을 헤아려 보는 일도 신앙인의 중요한 순종이다. 오늘은 그 결실을 조용히 정리하는 마음으로 하나님 앞에 앉게 되었다.

생각해 보면, 40일은 단순한 기도 프로젝트가 아니었다. 정해진 시간에 기도하는 것만이 목적이 아니었고, 스스로 목표를 세워 응답을 얻는 것만도 아니었다. 그보다는 기도의 태도 자체가 다시 정돈되는 시간, 흩어졌던 마음이 다시 하나님 중심으로 모이는 시간, 사건을 넘어 하나님 그분 자신을 다시 보게 되는 시간이었다.

이 마지막 구간에 이르러 다시금 묻게 된다. "주님, 이 40일 동안 제 안에 어떤 변화를 이루셨습니까?" "제가 보지 못한 은혜는 무엇입니까?" 그리고 그 질문에 하나님은 조용히, 그러나 분명하게 마음을 비추어 주셨다. 이 여정의 결실은 눈에 보이는 결과보다도 내 마음 깊은 곳에서 다시 일어난 영적 재충전이라는 사실이다. 물론 사람의 마음에는 언제나 '결과'라는 단어가 자리한다.

기도했다면 응답이 있어야 한다고 생각하고, 희생과 헌신이 있었다면 반드시 열매가 있어야 한다고 기대한다. 그러나 오늘 주님께서는 나에게 이런 깨달음을 주셨다. "결과는 눈에 보이는 열매가 아닐 수도 있다. 너의 마음이 달라졌다면 그것이 이미 가장 큰 결실이다." 이 말씀이 깊이 스며들자, 나는 지난날들 속에서 하나님이 이루신 작은 변화들을 다시 떠올리게 되었다.

익숙해진 방언의 기도가 새롭게 타오른 일, 뜻밖에 만난 작가들, 열흘 만에 2쇄로 이어진 기적 같은 출판의 길, 형제들과의 평안한 교제, 젖은 눈으로 책을 받아 든 어머니의 그 흔들림 …. 이 모든 것이 기도의 결과물'이었다. 기도는 단 한 번도 헛되지 않았다.

그러나 한편으로 이렇게도 생각했다. 그래도 사람인지라, 이 40일의 여정에 어떤 형태로든 결실이 있어야 하지 않을까 하는 마음이 드는 것도 사실이다. 내가 원하는 결과가 아니어도, 어떤 성장의 흔적이라도, 하나님이 허락하신 열매를 정리하는 시간이 필요했다.

그리고 오늘 하나님은 내 마음에 이렇게 말씀하시는 듯했다.

"결과를 쓰는 이는 네가 아니라 나다. 너는 순종을 기록하고, 결과는 내가 채우겠다." 이 한 문장이 오늘의 묵상을 완전히 정리해 주었다. 40일의 기도회는 끝나는 것이 아니라 지금부터 하나님이 채우실 또 다른 여정의 시작이었다.

오늘 Day 38은 그래서 결실을 바라보는 날이면서도, 동시에 결과를 하나님께 맡기는 날이었다. 내가 손에 쥐고 싶어 했던 모든 것들을 내려놓고, 하나님께서 쓰고 계신 더 큰 이야기 속에 나의 작은 믿음을 올려놓는 시간이었다.

✞ 기도

주님, 마지막을 향해 달려가는 이 시간 속에서 저의 마음을 다시 정돈하게 하시고, 결실을 바라보되 결과를 욕심내지 않도록 붙들어 주시니 감사합니다. 40일 동안 세밀하게 인도하신 당신의 손길을 기억합니다. 보이는 열매뿐 아니라, 마음 속 깊은 자리에서 일어난 변화가 하나님께서 주신 가장 귀한 응답임을 고백합니다.

이제 남은 시간도 제 힘이 아닌, 주님의 인도하심으로 채워지게 하소서. 결과는 하나님께 맡기고, 저는 오늘도 묵묵히 순종의 걸음을 내딛는 사람이 되게 하옵소서. 아멘.

Day 39
연합의 기도 속에서 맺힌 은혜의 열매

40일 여정이 마지막을 향해 깊어져 가는 이 시점에서 처음 이 기도 프로젝트를 시작하던 순간을 다시 떠올리게 된다. 하나님 앞에 무릎을 꿇고 기도의 제목을 적어 내려가면서도, 이 여정을 혼자 감당하고 싶지 않았다.

그래서 목회하는 동생에게 기도 제목을 전송하고, 함께 기도해 달라고 조심스레 부탁했다. 그 순간부터 40일의 길은 단순히 개인의 작정이 아니라 가족이 연합하여 하나님 앞에 올려 드리는 믿음의 연합 기도가 되었고, 이제 와 돌아보니 그 연합이야말로 하나님께서 예비하신 가장 큰 축복이었음을 고백하지 않을 수 없다.

문암출판사는 몇 년 동안 조용한 시간을 보내고 있었다. 외부 작가의 원고는 거의 들어오지 않았고, 출판이라는 일이 점점 더 낯선 벽처럼 느껴지던 때도 있었다. 그러나 기도 40일이 시작되고 얼마 지나지 않아 놀라운 흐름이 일어났다. 기도를 시작한 지 얼마 되지 않아 뜻밖의 작가들이 연락을 주었고, 부지런히 원고가 도착하기 시작했다.

그렇게 40일이라는 짧은 기간 동안 문암출판사에서는 무려 네 권의 책이 만들어졌고, 내 개인 저서 또한 두 권이나 출간되는 열매가 맺혔다. 이 일들은 계산이나 계획으로 설명할 수 없는 흐름이었다. 나는 그 놀라운 역사를 바라보며 다시 한 번 고백하게 된다. "주님, 이 모든 것은 전적인 하나님의 은혜입니다."

더욱 감사한 것은 이 모든 과정이 기도로 연결되어 있었다는 사실이다. 기도 제목을 나누자마자 동생 목사님은 즉시 마음으로 함께 기도했고, 어머니의 기도는 하루에도 몇 차례씩 우리를 향해 흘러왔다. 형제의 기도, 어머니의 기도, 나의 기도가 한 방향으로 모이는 순간, 하나님께서는 그 연합의 기도 위에 기적과 같은 열매를 허락하셨다. 나는 이번 40일의 여정을 통하여 깊이 배웠다. "기도는 혼자 할 때보다 연합할 때 더 큰 은혜를 가져온다."

또 하나의 감사는, 1년 전 〈엄마꽃 치매꽃〉을 함께 만들었던 작가와 새로운 만남이 다시 이어졌다는 것이다. 그는 그동안 조용히 나를 지켜보며 기다렸다고 말했고, 때가 되자 연락을 주었다. 서로의 일정이 워낙 바빴기에 쉽게 시간을 잡기 어려웠지만, 그녀는 "번개팅으로라도 만나요"라며 흔쾌히 일정을 제안했다. 그렇게 우리는 늦가을의 차분한 주말 오후, 만의골 은행나무가 노랗게 물든 길 위를 지나 작은 '노란 우체통' 카페에서 다시 마주 앉게 되었다.

은행잎들이 가을빛으로 흩날리고, 따스한 햇살이 테이블 위에 금빛처럼 내려앉던 그 시간은 단순한 출판 상담이 아니었다. 하나님께서 다시 열어 주시는 관계의 문, 새로운 사역과 만남의 길, 앞으로 펼쳐질 또 다른 여정의 시작임을 조용히 느낄 수 있는 순간이었다.

작가의 진심 어린 목소리에는 감사와 기대가 섞여 있었고, 내 마음의 깊은 자리에도 알 수 없는 희망이 차올랐다. 마치 하나님께서 "아직 끝이 아니다, 내가 준비한 것이 더 있다"라고 속삭이시는 듯했다. 그렇게 늦가을 오후의 카페 한쪽에서, 나는 미래를 향한 하나님의 미세한 움직임을 다시 한 번 느끼며 감사를 올릴 수밖에 없었다.

✟ 기도

주님, 이 40일 동안 제가 홀로 걸어온 것이 아니라 아내의 기도, 어머니의 기도와 형제들의 기도가 연합하여 한 방향으로 모여 연합하게 하신 은혜에 감사합니다. 흩어져 있는 것처럼 보였던 마음들을 하나로 묶어 주시고, 서로의 기도가 서로를 지탱하는 힘이 되게 하신 주님의 사랑을 깊이 느낍니다. 또한 주님, 외부 작가들이 다시 문을 두드리게 하시고, 예상치 못한 새로운 만남들을 열어 주시니 감사합니다. 겉으로 보기에는 아무 일도 일어나지 않는 듯 보였던 시간 속에서도, 침묵처럼 느껴졌던 순간들 속에서도 이미 열매를 준비하고 계셨던 하나님을 찬양합니다. 저의 눈에는 보이지 않아도 하나님의 손은 늘 일하고 계셨음을 고백합니다.

    주님, 앞으로 이어질 사역 또한 사람이 여는 길이 아니라, 주님께서 친히 열어 주시는 길임을 믿습니다. 저의 걸음을 언제나 은혜의 길 위에 두시고, 흔들림 없이 주님의 인도하심을 따라가게 하옵소서. 주시는 모든 결과와 열매는 오직 하나님께만 영광이 되게 하시며, 제 삶의 모든 사역이 주님의 이름을 높이는 통로가 되게 하옵소서. 아멘.

Day 40
기도가 흐르는 자리에서

　응답받는 기도 40일의 여정을 마무리하는 이 마지막 날, 나는 조용히 기도의 자리에 앉아 지난 시간을 천천히 내려다보았다. 기도의 시작점은 희미한 소망이었지만, 끝에 다다른 지금은 그 소망이 선명한 은혜의 형상으로 자리 잡고 있었다.

　응답받는 기도회를 시작하며 기도의 제목을 세우고 동생 목사님에게 함께 기도해 달라고 전했을 때만 해도 이 40일이 이렇게 많은 결실을 품게 될 줄은 생각하지 못했다. 그런데 하나님은 정해진 시간이 끝나갈 즈음, 또 한 번 놀라운 은혜의 흐름을 열어 주셨다. 해븐출판사로부터 오래전 알고 지내던 목사님이 방송 사역 중 써두었던 칼럼을 책으로 만들어 달라는 의뢰가 왔다. 그 책의 제목은 〈절망의 끝자락에서〉이다. 이어서 어느 시인의 시집 제작 요청까지 더해졌다.

　마치 하나님께서 "너의 손을 다시 내가 쓰겠다"는 신호처럼 느껴지는 은혜였다. 이 모든 것이 단순한 우연이 아니라 하나님의 섭리로 잇대어진 응답의 연속임을 나는 이 자리에서 고백한다.

  돌아보면, 이미 40년이 넘는 세월을 출판이라는 길 위에서 살아왔다. 책을 만들며 수많은 사람을 만났고, 숱한 원고를 읽었으며, 문장 사이에 담긴 사람들의 삶과 눈물을 지나왔다. 그런데 요즘 들어 유난히 독자들의 연락과 편지가 늘어났다.

  그들의 문장 속에는 조용한 기다림과 깊은 기대가 함께 담겨 있었다. 그 모습을 보며 나는 이런 생각을 했다. "어쩌면 오랫동안 기도하며 기다렸던 응답이 이렇게 사람들을 통해 오고 있는 것은 아닐까." 막혔던 길이 서서히 열리는 지금의 모든 기류를 보며, 나는 이것이 단지 내 능력의 결과가 아니라 오랜 침묵 속에 준비해 두신 은혜가 드러나는 시간임을 믿는다.

  40일의 마지막 여정을 정리하는 동안 마음속에 한 문장이 강하게 떠올랐다. "나는 참 많은 기도를 받으며 살아왔다." 아내의 기도와 어머니의 새벽 기도, 형제들의 격려, 그간 함께 했던 믿음의 동역자들이 내 삶을 향해 흘려보냈던 축복의 말들 …. 되돌아보면 그 기도들은 내가 흔들리고 쓰러질 수 있었던 수많은 순간마다 보이지 않게 나를 붙들어 준 손길이었다. 그래서인지 마음속에 조용한 깨달음이 일어났다. "이제는 그 기도가 내 안에만 머물러서는 안 된다." 마치 하나님께서 내 어깨를 부드럽게 두드리며 말하시는 듯했다. "네가 받은 만큼 이제는 흘려보낼 차례다."

사람은 자신이 받은 사랑만큼 사랑할 수 있고, 받은 기도만큼 기도할 수 있는 존재다. 지금까지 내 삶이 보호받아 온 이유는 누군가의 기도 덕분이었다. 그 기도가 없었다면 금세 무너졌을 어려운 순간이 얼마나 많았던가.

하지만 하나님은 기도의 방향이 '받는 자리'에서 '흘려보내는 자리'로 옮겨가야 한다는 사실을 오늘 다시 가르치고 계셨다. 누군가가 흔들리고 방향을 잃었을 때, 조용히 이름을 부르며 기도해 주는 사람 한 명이 그 사람의 삶을 붙드는 등불이 된다는 것을 이제 나는 안다.

글을 쓰는 사이 오래전 어머니의 새벽기도 장면이 문득 떠올랐다. 새벽의 찬 공기 속에서 어머니는 어두운 방에서 우리 형제의 이름을 하나씩 부르며 기도하셨다. 그 기도는 길지 않았고, 화려하지도 않았지만 놀라울 만큼 단단하고 진실했으며 무엇보다 사랑이었다. 세월이 흘러도 잊히지 않는 그 기도의 힘은 지금 내 삶의 가장 깊은 곳까지 스며들어 나를 지탱하는 보이지 않는 기둥이 되었다. 그 장면이 떠오르며 나는 깊이 깨달았다. "기도는 하나님께 올려 드리는 말이면서 동시에 하나님께서 우리에게 맡기신 영혼의 사명이다."

오늘 오후에는 오랫동안 인연을 이어온 지인의 소식을 들었다. 몸도 마음도 지쳐 있다는 말이었다. 예전 같았으면 안타까움을 느끼고 지나갔을지도 모른다. 하지만 오늘은 마음이 먼저 기도로 향해 갔다. 잠시 눈을 감고 그의 이름을 천천히 불렀다. 복잡한 말도, 긴 기도문도 필요하지 않았다. 그저 한 문장 "주님, 이 영혼을 붙들어 주소서."

짧은 기도였지만 그 순간 마음 깊은 곳으로 잔잔한 평안이 퍼져 나갔다. 아 … 이것이구나. 누군가에게서 흘러온 기도가 이제는 내 삶을 지나 또 다른 누군가에게로 이어지는 순간, 이것이 바로 기도의 흐름이며, 하나님께서 나를 그 흐름 속에 세우시는 이유였다.

저녁 무렵, 서재에 앉아 느릿하게 흐르는 하늘을 바라보았다. 그 하늘 아래에서 나는 감사와 사명감이 동시에 밀려오며 이런 고백을 했다. "내가 받은 기도는 내게서 멈추지 않아야 한다." 아내의 기도도, 어머니의 기도도, 형제들의 기도도, 그 기도가 흘러가는 흐름 속에 있을 때 생명을 갖는다.

하나님께서 내 삶 전체에 기도의 향기를 부어주셨다면, 이제는 그 향기가 누군가의 삶으로 건너가야 한다. 이 마지막 날, 그 부르심이 마음 깊은 곳에서 은혜로 피어올랐다.

✟ 기도

주님, 제 삶을 오늘까지 지켜 온 수많은 기도의 흔적을 기억합니다. 저를 위해 드려졌던 눈물의 기도, 말없이 흘러나왔던 간절한 기도, 그리고 제 마음 깊은 곳에서 올려 드렸던 작은 기도들까지도 주님은 하나도 놓치지 않으셨음을 믿습니다. 그 기도의 은혜가 지금의 저를 붙들고 있다는 사실을 다시 깨닫게 하시니 감사합니다.

주님, 그 은혜가 제 안에서 멈추지 않게 하시고, 이제는 제가 누군가를 위해 기도를 흘려보내는 사람이 되게 하옵소서. 하루를 살아가는 동안 한 이름, 한 영혼이라도 마음에 품어 기도할 수 있는 따뜻한 마음을 주옵소서.

주님, 40일 동안의 모든 여정을 인도해 주신 은혜에 깊이 감사드립니다. 이제부터는 제가 은혜를 흘려보내는 통로가 되게 하시고, 기도로 누군가의 어두운 길에 작은 빛을 비추는 등불이 되게 하옵소서. 아멘.

마치면서

다시 일상으로 돌아가는 길 위에서

응답받는 기도의 40일 여정을 마친 지금 이 긴 기도의 시간이 단지 작정된 기간을 채우는 행동이 아니라 하나님께서 내 삶을 정교하게 다시 빚어 가신 깊은 영적 과정이었음을 고백하지 않을 수 없다. 처음 이 길을 시작할 때만 해도 나는 오래된 소망 하나, "하나님 앞에서 다시 바로 서고 싶다"는 작은 갈망을 품었을 뿐이었다.

그러나 매일의 기도는 서로 다른 빛깔로 내 앞에 놓였고, 뜨겁던 날도 있었고, 말이 나오지 않는 날도 있었고, 침묵만 머무르던 날도 있었지만 그 모든 흐름은 동일한 진리로 나를 이끌었다. 하나님은 응답하시든 침묵하시든, 느껴지든 느껴지지 않던지 변함없이 하나님이시며 언제나 내 삶 속에서 일하고 계신다.

440일 동안 하나님은 오래전부터 손에 쥐고 계셨던 은혜의 조각들을 하나씩 꺼내 보여주셨고, 막혀 있던 길을 열어 주셨다. 마치 오래 닫혀 있던 서랍을 열어 숨겨 둔 빛을 드러내듯, 막혀 있던 길을 열고, 멈춘 호흡에 새 바람을 불어넣으셨다. 조용하던 출판사에는 다시 원고가 도착했고, 열흘 만에 2판을 찍는 뜻밖의 일이 일어났다. 수년 동안 기다려온 작가와의 만남이 이어졌으며, 나도 수필집 〈시간의 서랍을 열다〉와 시집 〈바람과 시간의 숨결〉을 출간하는 은혜를 경험했다. 이 모든 흐름이 인간의 계산이나 능력에서 비롯된 것이 아니라, 전적으로 하나님의 때와 인도하심 속에서 이루어진 결과임을 나는 이 40일을 지나오며 절실히 깨달았다.

이 모든 흐름의 원천은 내 능력이나 계획이 아니라, 보이지 않는 손길이 정해 둔 시간 속에서만 피어나는 은혜임을 나는 이 40일을 지나오며 절실히 깨달았다.

그러나 그 어떤 변화보다 깊었던 일은 마음의 중심에서 일어났다. 아내의 조용한 동행, 어머니의 새벽기도, 형제들의 격려가 40일 기도 속에서 다시 살아나는 것을 보았다. 흐려졌던 관계의 온도가 기도 속에서 따뜻하게 회복되며, 나는 잊었다가 다시 찾은 오래된 진리 앞에 서게 되었다.

기도는 사람을 치유하고 관계를 일으키며, 흐트러진 삶의 축을 다시 정렬한다. 기도의 시간이 깊어질수록 이 진리는 말보다 선명한 실제로 다가왔다. 특히 어머니가 새벽마다 어둠을 가르고 형제들의 이름을 한 사람씩 불러올리던 짧고 단단한 기도는 세월을 건너 내 삶의 가장 깊은 뿌리까지 스며들었다. 오늘의 나는 그 새벽기도의 연장선 위에 서 있다. 그리고 이제 분명히 안다.

내게 흘러온 기도는, 내 안에서 멈추어서는 안 된다. 누군가의 기도가 나를 살렸듯, 그 생명의 흐름은 또 다른 누군가에게로 건너가야 한다. 이것이 40일의 끝에서 하나님이 내게 주신 가장 또렷한 가르침이었다.

얼마 전, 지쳐 있다는 지인의 소식을 들었을 때, 예전 같으면 안타까움으로 남았을 마음이 그날은 자연스럽게 기도로 옮겨갔다. 그의 이름을 조용히 부르자 마음 깊은 곳에서 잔잔한 평안이 번져왔다. 그 순간 깨달았다.

기도는 흘러야 힘이 된다. 기도가 막히면 삶도 막히고, 기도가 흐르면 삶도 다시 이어진다. 응답받는 기도 40일은 이 단순하면서도 가장 근원적인 영적 원리를 내 삶에 영구한 문장처럼 새겨 넣었다.

40일의 시간은 끝났지만, 이 여정은 결코 쉼표가 아니다. 기도가 흐르는 자리마다 길이 만들어지고, 그 길 위에서 하나님은 또 다른 은혜의 장을 펼쳐 가신다. 내가 받은 모든 기도의 향기는 결국 누군가의 삶으로 건너갈 때 가장 깊고 아름다운 향기가 된다.

책을 마무리하던 조용한 시간, 한 통의 메일이 도착했다. Day 40에서 언급했던 시집 제목은 〈푸른 섬, 하나 떠 있는〉이었다. 제목에서부터 고요한 물결이 일렁였다. 파일을 여는 순간 문장 사이에 아직 마르지 않은 감정의 숨결이 조용히 번져 나오기 시작했다. 한 줄씩 읽어나갈수록 시인이 오래 품어 온 슬픔과 빛이 천천히 내 마음의 결을 따라 스며들었다.

  편집해야 한다는 생각은 잠시 내려놓고, 나는 먼저 시가 지닌 온도 속으로 들어갔다. 언어의 떨림이 손끝보다 마음에 먼저 닿는 순간, 원고를 받는 날이면 늘 그렇다. 어느새 글의 물길 속에서 헤엄치듯 시인이 바라본 풍경과 감정의 흔적을 함께 건너고 있었다.

  편집자로 산다는 것은 누군가의 마음을 세상 누구보다 먼저 만나는 일이다. 이 특권이 내 삶에 가져다주는 기쁨은 크고도 고요하다. 오늘도 파일 속 한 편의 시가 나를 잠시 멈춰 세웠다. 그 멈춤 속에서 나는 알게 되었다. 편집은 문장을 고치는 일 이전에 타인의 세계를 가장 먼저 건너가는 조용한 행복이라는 것을 알아가는 순간이다.

  그래서 이 마지막 페이지에서 나는 조용히 고백한다. 기도의 흐름은 멈추지 않으며, 하나님이 열어 주시는 길 역시 멈추지 않는다. 이것이 40일 기도의 시간 속에서 내 마음에 새겨진 가장 깊은 흔적이며, 앞으로의 길을 이끌어 줄 분명한 방향이다.

ⓒ문암출판사

40일 응답받는 기도의 영성

1판 1쇄 2025. 12. 05.

지은이 ǀ 염성철

펴낸곳 ǀ 문암출판사
펴낸이 ǀ 염성철
출판등록 ǀ 제2021-000079호
펴낸 곳 ǀ 경기도 고양특례시 일산서구 산현로 92번길 42
출판부 ǀ 031-911-1137

blog ǀ naver.com/bookrock53
E-mail ǀ bookrock53@naver.com
ISBN ǀ 979-11-994283-4-8 (03230)

이 책의 판권은 저자와 문암출판사에 있습니다.

이 책은 저작권법에 법에 따라 보호받는 저작물이므로 무단 전제와 복제를 금지하며, 이 책의 내용 전부 또는 일부를 사용하려면 반드시 저작권자의 서면동의를 받아야 합니다.

• 잘못된 책은 구입하신 곳에서 교환해 드립니다.